LA COMÉDIE
DE LA CULTURE

Du même auteur

Blessures de mémoire
Gallimard, coll. «Connaissance de l'inconscient»
1980

Voleurs de mots
Gallimard, coll. «Connaissance de l'inconscient»
1985

Glenn Gould, piano solo
Gallimard, coll. «L'un et l'autre», 1988
(prix Femina Vacaresco 1989)

La Tombée du jour. Schumann
Editions du Seuil, coll. «La Librairie du XXᵉ siècle»
1989

Bleu passé
Gallimard, 1990
(récit)

Un rêve de pierre :
le Radeau de la Méduse, Géricault
Gallimard, 1991

Je crains de lui parler la nuit
Gallimard, 1991
(roman)

MICHEL SCHNEIDER

LA COMÉDIE
DE LA CULTURE

ÉDITIONS DU SEUIL
27, rue Jacob, Paris VIᵉ

ISBN 2-02-019507-0

© Éditions du Seuil, janvier 1993

aux amis de l'hôtel Kinski

Remerciements

Luc Allaire, Mario Dehove, Lion Murard et Maurice Olender ont lu le premier état de ce travail. Je les remercie de leurs critiques et de leurs suggestions.

Certains aspects des questions ici traitées furent esquissés dans divers articles publiés par *L'Express* dans la rubrique « Idées » dirigée par Luc Ferry et Jérôme Dumoulin. Je leur suis reconnaissant de m'avoir aidé à les aborder.

Des masques

La toile se lève. Un rideau bleu, de la même nuance très douce que les fauteuils du théâtre. La pénombre gagne les lambris or et blanc. La levée de battue du chef d'orchestre semble effacer le crissement des robes et le murmure des voix. Haendel est au programme. Une Daphné enceinte jusqu'aux dents se détourne d'un Apollon chevrotant, quoique avec vaillance. Les musiciens jouent un peu plus faux qu'il n'est admissible, même en musique baroque.

Ce 15 avril 1991, la scène se tient au château de Versailles, où le ministre de la Culture, de la Communication, des Grands Travaux et du Bicentenaire de la Révolution, j'en oublie sans doute, a invité quelques amis – oh, à peine trois cents – à une représentation privée d'opéra. Le décor dit du « bal paré » est la réplique de cette salle de l'Opéra-Royal dessiné par Gabriel pour Marie-Antoinette, où la République offre *Apollon et Daphné*. Le spectacle est mauvais au-delà de tout, mais je ne pousserai pas la symétrie jusqu'à dire que le public reflète les personnages de la scène. Car chaque spectateur met beaucoup de distinction à remercier le prince de l'avoir distingué pour cet apparat. Pourtant, point de raideur ni de rhétorique. Dans le programme était d'ailleurs glissé, délicate attention démocratique, un carton signé Jack Lang : *L'amitié ignorant le protocole, je vous invite à vous placer où vous le souhaitez.* Curieux, l'abus du mot *amis*, qui désignait ce soir-là des camarades de parti, des hommes d'affaires à circonvenir, des artistes fidèles, en tout cas à la subven-

7

tion, des pilleurs de cocktails et quelques fonctionnaires tout étonnés d'être là. On remarque dans cette république de la Culture presque toutes les consciences militantes de l'heure, qui ne semblent pas s'offusquer de cette fête princière offrant à la gauche intellectuelle l'occasion de côtoyer la droite d'argent. Quelques-uns semblent se demander ce qu'ils font là, d'autres ne doutent pas de leur droit d'appartenance à ce brillant concours d'éminences et médisent à voix basse de leur voisin, dont seul l'opportunisme servile explique en ces lieux la présence. La rédaction du *Nouvel Observateur*, présente au grand complet, pourrait presque tenir son comité dans quelque salon attenant. Il y a aussi plusieurs professeurs au Collège de France, dont l'un, pourfendeur pourtant de noblesse d'Etat, qui ne paraît pas dédaigner, en ce théâtre royal, son anoblissement d'un soir par un ministre de la République, ce qui n'est pas toujours synonyme de ministre républicain.

Jack Lang, il est vrai, joue finement et fait un discours assez technique et patrimonial : la salle, la machinerie de scène ; et plutôt historique : il ne manque pas d'évoquer, en ces lieux où elle naquit, en 1875, de l'amendement Wallon, la République parlementaire. Les deux ministres de la Culture, Monsieur et Madame, une fois délivré le discours du premier sous le regard terrible de la seconde, s'assoient timidement au bout du balcon.

Un souper suit, pire que la représentation. Pourtant, la galerie des Batailles est belle, la nuit. L'ombre efface les débauches de chairs embrochées peintes par les artistes officiels de l'époque. La fumée des bougies fait vaciller les traits, et donne avec indulgence aux plus méchants courtisans le teint vierge d'un enfant de chœur.

Il y a aussi les glaces du salon, et les êtres, qui parfois leur ressemblent. Ceux qui brillent d'un éclat emprunté, petits miroirs accrochant par hasard le reflet des œuvres et des idées qui passent. Ceux, très rares finalement, qui brillent de leur propre lumière, sourde et insaisissable au premier regard, mais qui obscurcit les miroirs comme fait la vérité.

Ma table n'était pas trop loin de la sortie, et, venue l'heure où mon départ ne serait pas interprété avec malveillance, je pourrais me retirer sans franchir des tablées d'invités échauffés. Vers minuit, alors que le bruit des voix approchait celui d'une taverne munichoise, je me tournai vers mes voisins : « Il faut y aller. » Un peu plus tôt, une image sinistre était venue à ma rencontre. Malgré les peintures, les ors, les panneaux de verre bleuté où tout se répétait à l'infini, je vis la galerie comme une grande conque vide, la carapace d'un crabe rongé de l'intérieur, ou bien un théâtre désert.

Elle commençait à se faire longue, la comédie de la Culture. J'y figurais depuis trop longtemps. Acteur serait beaucoup dire. Depuis près de trois ans, j'étais directeur de la Musique et de la Danse au ministère de la Culture. Mais pas un jour n'avait passé sans que je me demande ce qu'un tel titre pouvait bien vouloir dire, sans que me trouble ce mélange de pouvoir et d'art que la politique culturelle de l'Etat tente de rendre légitime. C'est ce soir-là que je me dis : « Allez, il faut s'en aller. »

« Théâtre à machines », le ministère de la Culture ? Peut-être, mais avec beaucoup de machines et peu de vrai théâtre. Dans la *commedia dell'arte*, il y a de l'art. Pas dans cette comédie de la Culture : juste des masques jouant des rôles auxquels ils ont cessé de croire. Carnaval plutôt. On se déguise un instant, prenant l'apparence de qui l'on n'est pas.

« Bal paré » ? Sans doute. Jamais comme ce soir-là je n'avais eu une telle impression de fausseté : le mariage de l'Etat démocratique et de la Culture donnait décidément le spectacle d'une démocratie peu culturelle et d'une culture peu démocratique.

De la culture

Souvent, entendant les politiques évoquer la Culture, on a la pénible impression qu'ils ne savent pas de quoi ils parlent. Pire, qu'ils s'en moquent, pensant sans doute que le bon peuple auquel ils s'adressent ne le sait pas plus, et qu'il suffit de dire *Culture* pour que le charme opère. Ce qui n'est pas toujours le cas. Parfois, ils ressemblent à la duchesse de Guermantes, qui, lorsque quelqu'un disait ce mot, « souriait, allumait son beau regard, et lançait : "La KKKKultur", ce qui faisait rire les amis... tandis que les nouveaux venus disaient : "Comme elle est bête !" ».

Culture, en France, est un mot aussi prestigieux que dépourvu de sens précis. Confus ? Un nom se définit par ses antonymes, une chose par ce qu'elle n'est pas. Culture, au sens de culture générale, s'oppose à inculture, et, au sens de mœurs, à nature. Mais *culturel* ne s'oppose à rien. D'où la fortune de ce mot. Sur ce qui ne signifie rien, on se met facilement d'accord. Pourtant, il aurait pu apparaître aux tenants du « tout culturel », s'ils avaient été plus logiques, que, dès lors que tout était culture, rien ne l'était, et que, par conséquent, point n'était besoin d'un ministère pour gérer cette inexistence.

Prestigieux ? A preuve : l'Etat s'en occupe. L'habitude nous masque ce fait surprenant, au point que nous croyons qu'il en fut toujours ainsi et n'imaginons pas qu'il puisse en être un jour autrement. Il y a en France, seule parmi les démocraties, un ministre de la Culture, l'un des plus populaires, disent les sondages. Ce pourrait être une définition : le *culturel* est gros d'Etat, comme le cheval de Troyens. *Timeo potestates et culturam ferentes.*

C'est déjà un constat accablant qu'on ne puisse plus parler de l'art sans le noyer sous la Culture, et qu'on doive approcher celle-ci à travers les politiques culturelles. La création des œuvres concerne l'Etat, la fréquentation de l'art est marquée par une séparation croissante entre les Français et les formes les plus contemporaines. D'un côté comme de l'autre, l'art est médiatisé, aux deux sens du terme, par l'Etat. La Culture, ce serait cela : le déni politique d'une division accrue entre les artistes et la société. Je distinguerai donc désormais, par l'emploi de la majuscule, la Culture, au sens de champ culturel et artistique institué par l'intervention de l'Etat, et la culture, au sens de l'entretien subjectif et singulier de chacun avec les œuvres de l'esprit et de l'art.

Lorsqu'en 1972 l'écrivain anglais Bruce Chatwin conversait avec Malraux et écrivait : « L'idée même d'un ministère de la Culture a quelque chose de totalitaire », il n'était ni politiquement, ni historiquement, ni géographiquement pris dans un quelconque débat sur l'actuelle politique culturelle, qui n'avait pas encore connu son expansion d'après 1981. C'est une question de fond qu'il posait : au nom de quoi l'Etat peut-il se mêler de culture ?

Or, aujourd'hui, elle se pose plus que jamais. A l'évidence, l'heure est aux bilans. Pour trois raisons. D'abord, parce que ce ministère a maintenant plus de trente ans, et que la politique menée depuis 1981 ne parvient pas à se renouveler, mais s'épuise en redites et se replie en une pure affirmation de soi. Ensuite, parce que, si les « années Lang » ont aggravé certains défauts ou créé de nouvelles confusions, la question des limites des politiques de la culture se posait avant 1981 (ce fut, sous la présidence de Valéry Giscard d'Estaing, Michel Guy qui, avec la nouvelle appellation de « ministère de la Culture », modifia la conception des « affaires culturelles »), et qu'elle continuerait de se poser à l'avenir quel que fût le responsable de ce ministère, sauf à remettre profondément en question les fondements, les buts et les méthodes de son action. Enfin, parce que, dans la plupart des démocraties, qu'un ministère de la Culture existe ou non, d'ailleurs, le même problème se pose : qu'advient-il de l'art quand il se dissout dans la Culture, sous ses deux visages de la marchandise et de l'intervention publique ? Un peu partout, en effet, les artistes s'interrogent sur les moyens d'éviter que leurs œuvres et eux-mêmes ne deviennent les objets d'un marché ou les instruments d'une politique.

De son ministère

Jamais un Etat n'a autant dépensé dans la culture que la France actuellement. Ailleurs, si les interventions publiques existent, elles sont plus limitées et souvent relèvent non de l'Etat central, mais des collectivités locales. Le ministère de la Culture existe depuis 1959, mais il a bénéficié de crédits multipliés par trois en francs courants de 1981 à 1992.

Est-ce beaucoup ? Assurément, diront certains, qui, dans d'autres pays, aimeraient voir autant de sollicitude envers l'art et les artistes. Mais depuis quand une politique s'évalue-t-elle à ses dépenses, et non à ses résultats ? Dépenser pour la culture, est-ce dépenser pour l'appareil culturel d'Etat ? pour les artistes ? pour les publics ? Tout cela à la fois, répondra-t-on. Oui, mais dans quelles proportions ?

Est-ce assez ? s'interrogera-t-on d'un autre bord. Et l'on déplorera que le seuil de 1 % du budget de l'Etat longtemps promis ait mis si longtemps à être approché.

Est-ce trop enfin, comme certains le soutiennent ? Ce budget atteint 14 milliards de francs, et d'aucuns en concluront que la priorité culturelle affichée en France depuis 1981 devrait aujourd'hui faire place à d'autres urgences, par exemple la prévention de la toxicomanie et de la délinquance, ou la misère urbaine (en comparaison, les crédits de la délégation à la Ville s'élèvent à 200 millions de francs).

Je n'entends pas trancher ce débat, qui relève des choix politiques collectifs et des préférences des citoyens d'une démocratie. Mon propos est plus descriptif : dans ce mariage entre l'Etat et la culture, qu'advint-il de l'un et de l'autre ?

Marc Fumaroli, dans le livre aussi passionné que documenté, moins incisif que mordant et plus intelligent que vrai, qu'il consacra récemment à *L'Etat culturel*, voudrait nous faire croire que toute politique culturelle relèverait, au mieux, de la dépravation de l'art par l'argent, au pire, de son enrégimentement par le pouvoir. Qu'en est-il ?

Cette *réfutation*, par un auteur qui connaît trop la rhétorique classique pour ne pas céder à ses charmes corrupteurs, est sans conteste inspirée d'une vision de droite, car Fumaroli préfère manifestement la liberté à l'égalité, ce qui range à droite aussi sûrement que place à gauche la préférence inverse. Il est deux manières de critiquer le ministère de la Culture : le blâmer d'avoir voulu démocratiser l'accès aux œuvres de l'esprit en prenant le risque d'une destruction du savoir. Ou bien lui reprocher, comme je l'argumenterai, d'avoir renoncé à cette démocratisation au fond compatible avec l'intégrité des œuvres de l'esprit. J'entends, quant à moi, regarder, décrire et juger la réalité d'un point de vue « de gauche », au risque d'employer une expression qui, même à gauche, fait peur. A la plainte déplorant que les choses ne soient plus ce qu'elles étaient, j'opposerai la critique qu'elles ne sont pas ce qu'elles devraient être.

Je chercherai donc ici le sens qu'ont ces mots : *politique culturelle de l'Etat*. Pour tenter cette évaluation critique, je peindrai d'abord les personnages qui menèrent cette politique, ensuite je retracerai les thèmes qui l'animèrent, enfin je jugerai des effets sociaux qu'elle produisit.

Spectateur du théâtre de la Culture, mes interrogations concerneront donc *les acteurs*, *la pièce* et *le public* devant lequel elle s'est jouée :

– *les acteurs* : les politiques n'ont-ils pas assujetti les artistes en faisant d'eux les instruments de visée n'ayant rien à voir avec l'art ?

– *la pièce* : les thèmes, les enjeux, les fins de la politique culturelle n'ont-ils pas noyé les œuvres de l'esprit dans la consommation de l'insignifiant ?

– *le public* : l'action menée n'a-t-elle pas manqué ce qui était sa seule visée légitime, l'obligation, pour un Etat démocratique, de démocratiser l'accès aux œuvres d'art ?

I
Les acteurs

Les theatres, les jeus, les farces, les spectacles, les gladia-
teurs, les bestes estranges, les medailles, les tableaus, et
autres drogueries c'estoient aus peuples anciens les apasts de
la servitude, le pris de leur liberté, les outils de la tirannie: ce
moien, ceste pratique, ces allechemens avoient les anciens
tirans pour endormir leurs subjects sous le joug. Ainsi les
peuples assotis trouvans beaus ces passetemps amusés d'un
vain plaisir qui leur passoit devant les yeulx, s'accoustumoient
a servir.

Etienne de La Boétie

Des princes

Lorenzo da Ponte, à qui nous devons les habiles livrets de trois opéras de Mozart, laissa aussi des *Mémoires*, auxquels j'emprunte une anecdote fort plaisante. L'empereur Joseph II avait offert aux dames de la cour une superbe fête dans son palais de Schönbrunn, le 7 février 1786. Le comte de Rosenberg avait fait jouer dans son théâtre un petit opéra de Mozart, le *Schauspieldirektor*, et un autre, de Salieri, *Prima la musica e poi le parole*. Pendant que l'empereur achève sa toilette, le comte dresse la liste des chanteurs de la représentation et assigne à chacun en proportion de son mérite une gratification royale. « Sa Majesté prit la plume et ajouta un zéro à chaque somme : "Ce n'est pas le comte de Rosenberg qui a donné cette fête, mais l'Empereur." »

Voilà la scène dressée. On est à la cour ; on parle d'art, de fêtes et d'argent. Voilà les *dramatis personae* présentées : le prince, le fonctionnaire, l'artiste. Voilà l'intrigue nouée : qui se servira de qui ?

Nos politiciens de la Culture, mécènes publics-privés, publics par l'argent qu'ils versent, privés par les bénéfices personnels qu'ils en escomptent, sont de la descendance de Joseph II : ils n'aiment rien tant que d'ajouter un zéro. Peut-être s'imaginent-ils ainsi valoir dix fois plus que les artistes eux-mêmes, et se posent-ils en créateurs de la création. Rien n'est pire qu'un prince qui se prend pour un artiste, si ce n'est un artiste se prenant pour un prince.

Je ferai d'abord entrer en scène les hommes politiques. Le moindre sous-ministre se croit aujourd'hui tenu de nous faire part de sa conception du monde. Hélas, il la publie, sous un titre « vendeur », c'est du moins ce que lui ont assuré ses nègres et son éditeur. Le plus sectaire chef de parti rêve de la sanctification par les lettres et y va de son livre, lui qui en lit si rarement. Lorsqu'un hebdomadaire, miroir complaisant, lui demande ses lectures de vacances, le politique répond : je relis Proust, ou Goethe, ou Kundera, telle Mme de Cambremer agaçant la duchesse de Guermantes par cette prétention de relire ce que jamais on ne lut. François Léotard, ministre de la Culture, interrogé sur ses lectures, et voulant sans doute faire dans la rareté, cita tout à trac le *Journal* de Flaubert, livre introuvable pour la bonne raison que jamais il ne fut écrit. Je n'irai pas jusqu'à voir dans ces travers le signe d'une France politique « mère des arts, des lettres et des lois ».

Au prince, donc, la Culture donne un supplément d'âme. On préfère dire : un « plus de bonheur », ça fait plus laïc et démocratique. Comme si l'âme – un mot fort peu « moderne », en effet – appartenait à l'ordre de l'avoir, du quantitatif, et non à celui de l'être, de l'altérité. Une Culture qui prend de grands airs et se pousse du col offre donc une nouvelle légitimité lorsque le seul pouvoir ou l'argent n'assurent plus une domination incontestée. Mais alors, elle se nie elle-même et devient un drapeau, un alibi, une vitrine. Et si, par exception, on la traitait pour une fois comme culture ? Tantôt, c'est bête et touchant : le prince joue à l'artiste comme Marie-Antoinette à la bergère. Tantôt, c'est plus lourd : le paragraphe 142 de la Constitution de l'empire allemand disposait : « L'art et la science et leur enseignement sont libres. L'État leur assure sa protection et participe à leur sauvegarde. » Qu'il est constant, ce thème du protecteur. A-t-elle besoin, la frêle culture, qu'on la soutienne, la protège, la sauve ? Quand l'État comprendra-t-il que la faiblesse de l'art est sa seule force, et qu'à l'encourager il le ruine ?

Mais attention. Il ne s'agit pas d'*être* cultivé – élitisme proscrit –, ni de vouloir que chacun ait quelque chance de le *devenir* – démocratisme naïf. Il s'agit d'*avoir* des institutions culturelles ; les plus grosses, les plus visibles. Les Français ne lisent pas, l'Ecole remplit mal son office, les bibliothèques de quartier et d'université sont sans moyens ? Le sauvetage de la Bibliothèque nationale apparaît à juste titre à la communauté des chercheurs comme un enjeu patrimonial et intellectuel capital ? Qu'à cela ne tienne, à ces deux ordres de questions, apportons une seule réponse, construisons à Paris une Très Grande Bibliothèque tous publics. Le béton comme remède à l'illettrisme, le « cloître », gigantesque piazza Beaubourg, comme lieu de travail et de méditation, il fallait y penser ! L'innocence des politiques m'étonne. Non pas l'innocence de défendre pareilles billevesées : ils n'y croient pas eux-mêmes, mais l'innocence de croire que nous y croirons.

Il y a un autre ressort, plus personnel, qui amène certains politiques à se spécialiser dans le « culturel » : feindre d'organiser les mystères qui leur échappent. Non que leur ignorance de l'art soit aussi profonde que celle de Lounatcharski, commissaire du peuple à la Culture de l'Etat bolchevique, qui un jour commanda un quatuor pour dix instruments. Mais, pour rester dans la musique, on ne peut s'interdire de remarquer que Pierre Boulez, le musicien officiel de la France démocratique, doit sa fortune (artistique, s'entend), à des politiques de tous bords : Georges et Claude Pompidou, Jacques Chirac, Jack et Monique Lang, les ministres Michel Guy, Catherine Tasca, Emile Biasini, etc., ayant en commun d'ignorer la musique en feignant d'en être épris. Entendons-nous. Ces personnalités éminentes ont parfaitement le droit de ne pas savoir distinguer une tierce majeure d'une tierce mineure. La démocratie, disait Raymond Aron, est un régime d'experts dirigé par des amateurs. Je n'ai jamais partagé le rêve totalitaire que soit roi celui qui sait, et je préfère le ministre-politique Duhamel au ministre-écrivain Druon. Mais le demi-connaisseur est plus redoutable finalement que le franc ignorant. Tous les politiques ne cultivent pas l'inutile exploit de courtiser la Muse qui leur est le plus fermée, et les ravages sont pires lorsqu'ils taquinent en secret celle qu'ils révèrent en public.

Véniel est le manque de connaissances, mortel le manque de goût. Manque de goût *en* art, premièrement, et donc de discernement. Notons que les politiques n'ont pas davantage de dégoûts. Ils aiment tout ce que la mode leur enjoint d'aimer, tout ce que l'actualité porte sur le devant de la scène. Ils prétendent priser autant Céline et Elie Wiesel, *Bérénice* et *Marilyn Montreuil*. Un jour, le jeune Saint-Simon se mit en tête d'épouser une des trois filles du duc de Beauvilliers. Comme celui-ci lui demandait laquelle, il répondit : « Qu'importe », vu qu'il entendait simplement épouser le parti Beauvilliers. Les politiques sont ainsi, ils ne choisissent pas entre tel ou tel artiste, telle ou telle tendance où ils retrouveraient leurs goûts : seule compte l'onction indistincte du parti artiste. D'ailleurs, les artistes, en général, le leur rendent bien ; peu importe celui qu'ils épousent : dans le parti au pouvoir, ce qu'ils aiment ce n'est pas le parti, c'est le pouvoir.

Mais pire, sans conteste, est le manque de goût *pour* l'art. Sans hasarder ici une psychanalyse ou une sociologie de ce penchant pour les choses de culture, on pourrait mettre au jour, chez l'artiste raté qui entend régir les artistes, à défaut d'un art qui se refuse à lui, un appétit de revanche tout semblable à celui de Mme Verdurin, devenue princesse de Guermantes et n'invitant pas à sa matinée Charlus qui jadis l'avait si fort humiliée. « La création, la création », clament à l'unisson les politiques, allant jusqu'à lui consacrer des Etats généraux. Il y a dans toute idolâtrie une bonne haine qui sommeille. Deux façons de mépriser l'art : l'ignorer et le subventionner. Une seule raison : le dépit. Il est vrai que les politiques répondraient que ce mot, *goût*, est hautement suspect, et que le sociologue Pierre Bourdieu lui fit le sort qu'il méritait : fleur corrompue de la domination bourgeoise. Que le goût soit produit historiquement et marqué socialement n'implique aucunement qu'il soit une fiction esthétique. J'ai la faiblesse de croire irremplaçables ce mot et ce qu'il désigne. Le précepte *De gustibus non est disputandum* est une fausseté. On ne dispute que de cela, dans l'histoire de l'art, goût contre goût. A moins que, par un contresens sur le gérondif, on entende non pas que, du goût, il ne *faut* pas disputer, mais qu'on ne *peut* pas en disputer, et que tout le monde n'a pas le *gustum* qui lui permettrait de *disputare*. En ce sens, le mot d'ordre d'une politique culturelle véritable devrait être non pas : « à bas le goût », mais : « permettons à chacun de former le sien ».

Des célibataires

La comédie de la Culture ne met pas en scène tous les jours la rencontre du prince et de l'artiste. Ce n'est pas d'abord sous sa face politique, mais administrative et technique, que l'Etat gère l'art et la Culture. Créateurs et fonctionnaires s'épaulent, les premiers méprisant mais flattant les seconds. Les seconds enviant mais servant les premiers. Car souvent les fonctionnaires de la Culture eux aussi rêvent d'art. Je ne les blâmerai certes pas de s'approcher du symbolique en faisant du culturel ou de quêter dans l'art une prime de plaisir et un signe de légitimité que ne procure pas la gestion des autoroutes ou des hôpitaux. Choisirait-on ce ministère, une carrière pratiquement dépourvue de pouvoir, mal payée et sans grande utilité sociale, si l'on n'avait pas, dans tous les sens du terme, un compte avec la culture ?

Mais, réciproquement, s'installerait-on dans le fauteuil de l'artiste subventionné ou investi de la puissance d'Etat, si l'on ne jugeait la noblesse d'établissement préférable à l'ignominie féconde de l'art ? Les uns et les autres accomplissent ainsi leur désir rentré. Ils dorment dans le même lit, mais échangent leurs rêves : ne pouvant faire que les fonctionnaires deviennent créateurs, l'Etat fit que les créateurs devinssent fonctionnaires.

Il y a donc, dans les allées du pouvoir culturel, une bizarre sorte de gens que Proust nomma méchamment « les célibataires de l'Art ». Ils courent après l'art, désespérés d'en être jamais, et lui préfèrent la Culture. Puis ils vieillissent, inutiles et insatisfaits. « Ils ont les chagrins qu'ont les vierges et les paresseux, et que la fécondité ou le travail guériraient. Ils sont plus exaltés à propos des œuvres d'art que les véritables artistes, car leur exaltation n'étant pas pour eux l'objet d'un dur labeur d'approfondissement, elle se répand au dehors, échauffe leurs conversations, empourpre leur visage. Ils croient accomplir un acte en hurlant à se casser la voix : "Bravo, bravo" après l'exécution d'une œuvre qu'ils aiment. »

Qui sont-ils ? Ils président aux destinées de grands établissements culturels, sont en charge des « Grands Projets », gèrent au quotidien la politique culturelle dans les administrations et les associations subventionnées. Partout répandus, recouvrant par le bruit des célébrités qu'ils côtoient le vide de leur propre inexistence, ils montrent plus d'appétit que de goût. Leur boulimie aime assez l'art, ou ce qu'ils croient tel, pour y satisfaire une faim sincère et finalement estimable, même s'ils s'égarent aux cuisines, ou digèrent mal.

Pourquoi célibataires ? C'est qu'ils assouvissent par personnes interposées leur amour velléitaire, et, créant par procuration, s'inclinent devant les artistes vrais comme devant le Graal. Etranges métaphores : le mécène privé était accoucheur de talents, le célibataire étatique se veut inséminateur de créations. Après tout, pourquoi pas, dans un monde où se répandent les procréations assistées ? L'art, ils en ont entendu parler, mais comme d'une chose trop lointaine, trop fatigante aussi. Et un peu terrible, si l'on ne fait pas qu'y songer, mais qu'on couche avec. Ils courtisent, n'épousent pas.

Ah ! qui dira le délectable frisson du sous-chef de bureau au ministère des Finances susurrant qu'on pourrait bien remplacer *La Traviata* par *Le Trouvère* au programme de l'Opéra, ou, plus délicieux encore, telle diva par telle autre ? Qui moquera ce conseiller technique d'un ministre, dont le plan de carrière n'est presque rien en regard de la bouffée de vanité qui le fait rosir d'aise lorsqu'un peintre ou un écrivain flagorneur lui proposent qu'on s'appelle par les prénoms ? Qui peindra le mondain persuadé que son existence serait moindre si les « premières » ne la sanctifiaient pas, de soir en soir ?

Le problème n'est pas que les célibataires de l'art ne soient pas artistes. Dieu nous préserve, par exemple, d'un monde où chacun écrirait. Qui lirait ? Le problème est qu'ils croient l'être un peu, et que, ne sachant faire, ils croient faire en faisant faire. « J'ai toujours voulu ouvrir l'Opéra-Bastille en faisant *Les Troyens»*, déclarait le président de l'Opéra de Paris, à qui l'on n'en demandait pas tant. Simplement d'ouvrir avec un budget, une programmation, des conventions collectives, un organigramme.

22

Qui préférer, au bout du compte ? Les politiques illuminant l'avenir avec le phare de la Culture, ou les amateurs même pas éclairés pour qui le meilleur moment d'un concert est l'entracte, où l'on peut se montrer et parler sans être gêné par la musique ? Sans conteste, les seconds, plus fréquentables, plus touchants. L'art, finalement, certains qui s'en sont fait une carte de visite politique l'aiment autant que le protecteur sa trimardeuse. Et si, pour les uns comme les autres, l'art n'est qu'un moyen d'arriver, au moins on préférera les célibataires aux souteneurs.

Des places

Autrefois, s'agissant de l'Etat, on disait le rang. Aujourd'hui, on parle de places, y compris avec le sens que prend ce mot pour les domestiques. L'un des aspects essentiels du pouvoir culturel – qui n'est pas le seul pouvoir à révéler ce trait, mais le porte à la caricature – est son goût des préséances. Une bonne part du travail des responsables de décisions culturelles consiste à déterminer qui doit ou ne doit pas prendre *place* autour de la table. L'usure du pouvoir n'est pas celle de son usage, mais celle du comportement d'usurier de ceux qui en ont la charge, et qui le thésaurisent, avec pour seule visée de le conserver et de l'accroître, ce qui le plus souvent implique qu'on n'en use point et qu'on ne fasse rien.

Volontiers on pense que les grandes et petites affaires de la Culture se règlent en des tête-à-tête ténébreux ou au contraire sous l'éclat des solennités. Rien de tel dans la république des artistes, dont le premier mirage fait croire que ses *décisions* furent prises à une heure précise, en un lieu donné. Le lieu du pouvoir, l'antichambre cachée où fut décidée la construction d'une folie opératique à la Bastille, où le trouver ? Comment le dépeindre ? Ce lieu n'a qu'un nom : nulle part. Un auteur : personne.

Tels ces barons qui guerroyaient trop aux frontières et laissaient en jachère la terre qu'elles délimitaient, les responsables culturels passent leur temps non pas à faire, mais à empêcher les autres de les empêcher de faire. Si au moins ils étaient bandés par la violence de leur désir. Mais non, ils n'ont de goût que pour eux-mêmes. Leur seule rage est une « rage de place et d'être », comme dit le petit duc.

Des postes

La gauche se bat pour des valeurs, la droite pour des postes. C'est ce que je croyais. Mais j'ai trop vu de ces nominations de gens incompétents qui n'avaient que l'avantage d'être « des nôtres », expression dont je n'ai jamais bien pénétré le sens quand elle s'appliquait à des ralliés venus de la droite et prêts à la rejoindre à la prochaine élection. Sans doute ne s'agissait-il que de l'appartenance à un clan auquel le sens de l'intérêt bien compris commandait de s'affilier momentanément. « Il faut choisir entre la camaraderie et l'autorité », jugea sévèrement Thibaudet quand le Bloc des gauches revendiqua « toutes les places et tout de suite ». Aujourd'hui, on est plus fin. On n'annonce pas, on fait. On n'instaure pas la « République des camarades », on tisse le réseau d'un « groupe d'amis ».

« Nul n'aura de l'esprit, hors nous et nos amis », dit Armande dans *Les Femmes savantes*. La leçon fut retenue. Ne pouvant faire que tous ceux qui ont de l'esprit fussent nos amis, on fit que seuls nos amis soient en charge de l'esprit. Par sa culture de clan, de clique et de claque, la gauche au pouvoir s'est trop souvent comportée comme un maître d'école circulant entre les bancs des artistes, tapotant les joues, distribuant des retenues ou des sucres d'orge, dispensant des postes et des médailles avec une largesse et un cynisme que n'excusait pas le fait d'avoir été longtemps à l'écart du pouvoir, mais qui risquent en revanche de l'en éloigner durablement à nouveau.

Entendons-nous. Qu'entre deux personnes compétentes un pouvoir se réclamant de la gauche choisisse celle qui *par ailleurs* est de gauche ne me choque pas. Mais qu'un incompétent de gauche soit préféré à un compétent de droite ruine sûrement l'autorité de l'Etat.

Des petitesses

Je ne sais pourquoi, le mot *honneur* provoque le rire chez beaucoup de ceux qui font dans la Culture, et, quand je l'employai dans ma lettre de démission, on ricana ferme dans la petite classe. Rien ne leur est sans doute plus étranger que la parole donnée ou le respect de soi. La loi, dans cette cour de récréation, c'est l'absence de lois, et la seule chose à laquelle on soit fidèle, c'est la trahison. Dans les ruelles du pouvoir culturel, on se tutoie ordinairement. Cela endort le niais qui croit être aimé. On s'embrasse beaucoup. C'est généralement pour mieux palper, quelque part entre les omoplates, le point où le poignard atteindra sûrement le cœur. Mais je me suis souvent consolé en me disant que ce qu'il y a de bien avec les traîtres, c'est qu'il suffit d'attendre qu'ils trahissent celui pour lequel ils vous ont trahi. Cela arrive toujours. On prend son mal en patience, en se disant du perfide : laissons. Il pourra toujours servir, dans tous les sens du terme.

« De la condition des grands », écrit Pascal, qui distingue grandeur naturelle et grandeur d'établissement. De la condition des petits, aurait-on envie de dire, à propos des courtisans de la Culture. Petits, hélas, non au sens d'une enfance gardée au-dedans de soi, sous les rôles dictés par l'action et la pièce, car, de l'enfance, ils n'ont le plus souvent retenu que la délation et la flatterie, non les angoisses et les jeux. Tout l'attrait du pouvoir, inexplicable à ceux qui ne s'y sont pas rendus, tient à son incroyable capacité de faire parler l'enfant dans l'adulte.

Deux ans avant de mourir, Saint-Simon écrivait encore un *Mémoire sur les honneurs* et distinguait les honneurs conquis, accordés, manqués, refusés et ceux enfin qu'on n'atteint qu'au prix de l'honneur, et qui vous font dire : « J'éprouvais alors le néant des plus désirables fortunes par un sentiment intime qui toutefois marque combien on y tient. » Ces honneurs-là ont le goût amer des drogues dures, plus faciles à ignorer qu'à quitter.

Malheureusement donc, petit, dans les cours, on l'est surtout au sens de la petitesse. Le pouvoir, et c'est sans doute l'un des traits qui le font haïssable, induit chez certains une sorte de « petitesse d'établissement » qui vous fait douter d'avoir autrefois deviné en eux une ombre de grandeur naturelle. Cette petitesse acquise ou révélée par le pouvoir change les cœurs et parfois les visages. Ceux que vous fréquentiez francs et libres se découvrent avares d'eux-mêmes et incurieux des autres. Vous croyez retrouver dans l'arrivé un ami, et vous ne voyez qu'une face vide où brûle le seul désir de se servir de vous. Vous regardez cet autre qui n'est rien, au sens fort du mot *être*, et vous effraie sous le sourire carnassier tout le concret de ce *rien*. Vous les regardez se regarder dans les miroirs lambrissés et se régaler d'eux-mêmes : « Ça y est, j'y suis », et vous pensez intérieurement, sachant par où ils sont passés pour être là : « Rien à faire, le hareng sent toujours la caque. » La morale est ainsi souvent un langage très corporel, fait de goûts et de dégoûts également immaîtrisables. La vue, l'odorat, le toucher, par ces voies se dit votre estime, ou votre animadversion. Il y a des êtres dont la fréquentation obligée vous soulève le cœur et fait hésiter la main. Vous êtes heureux de ne plus les sentir. A l'inverse, la droiture et la trempe vous donnent envie d'approcher certaines âmes ; vous êtes content de les voir comme on devine au regard le contact d'un beau métal.

Finalement, même dans la petitesse, on peut mettre une certaine grandeur. Hélas, jusque dans l'abaissement, les officiels de la Culture montrent peu de talent. Tout cela manque de noirceur, comme de style. La simulation est mesurée, la fausseté même pas exquise. La perversion tient lieu de perversité. La bassesse n'est pas fangeuse, simplement rampante. Cela manque de malice, comme de politesse. On ne s'intéresse pas assez à l'autre pour avoir désir de le détruire. Tout occupé qu'on est en desservices à tous, en services à personne, on l'écarte seulement d'un croc en jambe, s'il barre le chemin. Le plus grand défaut qu'on voit aux courtisans n'est pas d'être durs et ignorants des manières les plus élémentaires, c'est d'être tristes. C'est que le besoin de parvenir éteint le désir de savoir et le plaisir d'aimer.

Des artistes

La politique culturelle, si elle permet à des politiciens et à des administrateurs de se croire artistes, est finalement tout de même faite par ou pour des artistes. Ici, un peu de sémantique. *Artiste* est un mot qui habille n'importe quelle expression un peu trouble et relâchée du moi, tantôt sous la guenille bohème du maudit à qui la société veut tant de mal, tantôt sous l'académique parure du créateur à qui l'Etat veut tant de bien. C'est un mot que je n'aime pas : il mêle, valorise et abstrait ce qu'il est censé désigner. Dans l'acception veule qui a cours au ministère de la Culture, il confond la chanteuse, pur produit de la cosmétique et du *play-back*, et Martha Argerich, pianiste immense, Sylvester Stallone avec Gérard Desarthe. Il efface toute notion des proportions, et je ne connais pas d'autre corporation où le sergent-chef s'autorise à tout propos de Clausewitz, comme le moindre rimeur se sent de la même essence que T. S. Eliot, oubliant l'humilité de sa taille et la stature de ceux dont il prétend tenir la place. Enfin, quand on voit l'artiste rompre avec la noblesse du « métier » de l'artisan et prendre la pose abstraite du créateur, on cède au désespoir de la peintre Joan Mitchell, qui déclarait récemment : « Aujourd'hui, on n'apprend plus. C'est pourquoi il y a de moins en moins de peintres. Il n'y a plus que des "artistes". » Mais voilà que le mot « créateur », généralement pris comme synonyme d'*artiste*, gagne toute la société. Le président de la République n'appelait-il pas à la Sorbonne en 1983 à ce que la France devînt « une société de créateurs » ? Félix Pyat, en 1834 dans le *Nouveau Tableau de Paris au XIXᵉ siècle*, dénonçait déjà ce mal nouveau, l'« artistisme ». « Aujourd'hui, tous se disent artistes : princes, criminels, inventeurs. On est artiste comme on était propriétaire, c'est la qualité de celui qui n'en a pas. »

Il y a donc beaucoup d'artistes en France, dans les allées du pouvoir. Pas n'importe lesquels, non plus. Les plus grands brillent par leur absence : ils sont tout à leur œuvre, et celle-ci ne se fait point dans les ministères. Beaucoup ne pensent pas que tous les chemins de la création mènent rue de Valois. Mais combien sont, selon les mots de Saint-Evremond, prompts à « tomber d'une liberté fâcheuse dans une heureuse sujétion » ! Quel affligeant spectacle de voir certains, jeunes et déjà las, venir chercher dans la subvention le point de départ d'une œuvre littéraire inexistante, le ressort d'une compagnie théâtrale naissante, l'ébauche d'un festival à venir. « Dites-moi que je suis », semblent-ils prier le pouvoir.

Certes, nous passons notre temps à mendier la reconnaissance de l'autre. Mais s'il est, et ce qu'il est, l'artiste ne le trouvera pas dans la réponse plus ou moins bienveillante ou les subsides que prodiguent un ministre distrait ou un fonctionnaire empressé, seulement dans son œuvre, et dans la capacité de celle-ci à se faire son propre public.

D'autres, les arrivés, « les importants », disait Alain, semblent penser, comme Wagner l'écrivait à son protecteur et mécène, Louis II de Bavière, que « le monde leur doit tout ». Simplement, ils ont laïcisé leur mégalomanie : ils disent « les bourgeois », ou « l'Etat me doit tout ». Le plus étonnant est que l'injonction soit entendue. Ainsi, l'Etat démocratique et républicain se sent tenu de réparer, en aidant massivement Boulez pendant trente ans, les misères que l'archevêque Coloredo infligea à Mozart il y a deux siècles. L'Etat s'acquitte donc au centuple de l'arriéré d'égards qu'aurait naguère contracté le public envers quelques maudits, laissant Van Gogh à sa misère et Artaud à sa folie. Mais, comme il n'a pas toujours de grands méconnus sous la main, le ministre se rabat sur toute la gent artiste. Par un coup de force assez réussi, l'entière compagnie des artistes s'est arrogé le caractère quasi sacré jadis donné aux rares génies bénis des dieux, et est en passe de le faire reconnaître officiellement. On vit même, dans le conflit qui les opposa à l'assurance chômage lors de l'été 1992, les intermittents du spectacle demander un salaire permanent pour une activité qui de nature ne l'était pas, considérant sans doute que l'Etat – ou la société – devait leur permettre d'*être* artistes, non les indemniser, comme tout un chacun, dans les périodes où ils cessaient de pouvoir faire leur métier.

L'artiste et le politique : couple de la modernité étatique qui n'a pas encore trouvé son Max Weber. Pas si moderne que ça. Ce qu'il y a de bien avec les farces, c'est qu'elles sont inusables. Jean-Paul Aron se trompait en voyant les différentes fractions des artistes unies en un mur de l'esprit aussi durement dressé contre la gauche que jadis le mur d'argent, ontologiquement réfractaire au pouvoir et perpétuellement voué à l'opposition. L'historien qu'il était aussi aurait dû retenir de l'histoire artistique, disons entre 1934 et 1947, que, s'il y eut une constante, au-delà des revirements de façade et des exceptions courageuses, ce fut bien celle de l'allégeance au pouvoir politique. On trouve souvent, chez certains artistes, un politicien qui sommeille, tel le grand metteur en scène d'avant-garde Meyerhold, qui adorait parader en grand uniforme de l'armée Rouge et avait un faible pour les médailles, les étendards et les tambours. On trouve aussi, en face, et c'est sans malice que je prends ces exemples dans la jeune URSS, des politiciens déguisés en artistes, tel le maréchal Toukhatchevski, vrai héros de la Révolution et faux musicien, qui aimait à poser un violon à la main. Encore ceux-là avaient-ils le courage de leurs passions. Que dire du musicien dictateur de l'ombre, ou de l'acteur devenu ministre de la Culture et demeuré éternel porte-parole ? Savent-ils au moins quel est leur vrai métier ? Connaissent-ils leur vrai visage, quand leur vis-à-vis leur tend un miroir de flatterie et leur renvoie l'image de ce qu'ils ne sont pas : le ministre un vrai artiste, l'artiste un vrai ministre ? « Ils créent, donc je suis », pense le mécène politique. « Ils paient, donc je suis créateur », se rassure en face l'artiste subventionné.

Souvent, je me représente le couple de l'artiste et du prince sous les traits de deux personnages d'opéra. Dans la *Tosca* de Puccini, la *diva* Floria Tosca, et le tyran devant qui tremble Rome, le baron Scarpia, s'affrontent amoureusement tout au long du deuxième acte. Elle veut lui arracher le salut de son amant, il veut prendre son corps. Chacun ruse avec le désir de l'autre, et promet ce qu'il ne donnera pas. A la fin, Tosca serre d'une main le sauf-conduit qui lui permettra de s'échapper avec son amant, dont l'exécution au petit matin se fera « à blanc », Scarpia l'a promis. De l'autre, elle poignarde le baron au moment précis où elle feint de ne lui résister plus. La morale de mon apologue est celle de la pièce : le sauf-conduit était faux, et réelle l'exécution. Mario meurt sous les balles, « en artiste », dit Tosca, qui s'y connaît. Dans le jeu des feintes et des promesses non tenues, de la manipulation du désir de l'autre, de l'avilissement et du mensonge, le pouvoir a toujours une longueur d'avance. Les artistes feraient bien de ne pas attendre la fin de l'acte pour demander au tyran – ou se demander – *«Quanto? Il prezzo!»* («Quel prix dois-je payer pour nos noces?»).

Noces sans amour? Ce n'est même pas sûr. «Celui qui n'a pas de culture et qui aimerait en avoir une est comme un homme malheureux en amour», écrivait Wittgenstein. Je suis certain que les princes aiment vraiment l'art; sinon ils ne lui voudraient pas tant de mal. Et que les artistes raffolent du pouvoir, sans quoi ils ne passeraient pas leur temps à le critiquer. Le couple de l'artiste et du prince est comme beaucoup de couples : il ne tient que dans le malentendu, le contresens et l'ignorance. Chacun n'est fort que de la faiblesse de l'autre : les artistes montrent à peu près autant de constance politique que le prince de conviction artistique, autant dire pas.

Il y a toujours eu des princes et des artistes, dira-t-on. Certains tentent de faire croire que l'Etat fut toujours culturel, afin d'accréditer l'idée que la culture est toujours étatique. Si l'on parcourt cinq siècles d'histoire, les types d'art et les artistes qui furent aidés par les Etats sont en nombre infime. On cite toujours les peintres de la Renaissance. Il est vrai que le domaine des arts plastiques est celui où s'exerce la plus forte emprise de la commande. En face ou derrière chaque œuvre, se devine la présence de quelqu'un qui commande, achète et fixe la valeur économique et artistique. Mais, justement, il ne s'agit pas de mécénat d'Etat. La commande n'est pas le fait d'un centre unique, mais d'une grande diversité d'acteurs. Au Quattrocento, les Visconti à Milan, les Gonzague à Mantoue, les Este à Ferrare, les Montefeltro à Urbino, les Médicis à Florence, chaque seigneurie entretenait un climat artistique différent et rivalisait avec les autres. Et à ce mécénat princier, et ses innombrables fractions et luttes esthétiques internes, s'ajoutaient le mécénat ecclésiastique, avec là encore des opposition vives, telle celle des franciscains et des dominicains, et enfin celui des bourgeois, banquiers et marchands.

L'autre justification toujours évoquée pour justifier l'Etat-mécène est Versailles. Ah que la monarchie absolue est belle sous la République démocratique ! Le Roi-Soleil, il est vrai, se plut à s'entourer de quelques astres secondaires qui réfractaient des parcelles de son éclat, et les artistes savent être de valeureux miroirs. Coûteux, certes, mais dociles. Mais, lorsqu'on évoque les fastes du Grand Siècle en croyant justifier le mécénat démocratique, on dit à la fois une fausseté historique et une absurdité politique. Premièrement, s'il y eut alors des mécènes, ce furent Fouquet ou Colbert, plus que le Roi lui-même. Deuxièmement, seules certaines parties de certains arts furent aidées. La littérature par exemple échappa généralement aux subsides royaux. Si le Grand Roi, pendant une brève partie (1664-1672) de son long règne (1643-1715), pensionna quelques écrivains, ce système, voulu par Colbert, avait, comme en témoigne sa correspondance avec Chapelain, pour but principal de recenser les thuriféraires possibles du roi. D'ailleurs, les libéralités n'étaient pas acquises, leur reconduction se méritait, les indociles étaient exclus. Il y eut donc, dès l'origine, des critiques et des polémiques à propos de ces gratifications, accusant le pouvoir d'inféoder les écrivains.

Enfin, sur le plan proprement politique, on oublie, dans cette référence à Versailles, que, depuis l'avènement de la démocratie précisément, le souverain n'est plus un prince, mais le représentant élu du peuple. La gloire du politique doit faire place au service rendu à la collectivité. Norbert Elias, dans le beau livre qu'il consacra à Mozart, oppose ce qui faisait l'artiste dans la « société de cour » : le caprice du prince, à ce qui, à partir des Lumières, le définit, ou devrait le définir : la reconnaissance du public. C'est peut-être à cela que sert l'artiste, faire croire au représentant du peuple qu'il est resté un prince.

Car il y a une différence majeure entre la « gratification », qui unit le prince à l'artiste dans le système de mécénat, et la « subvention », qui lie le politique au « créateur » dans le système de la commande publique.

31

L'aide matérielle que le mécène apporte à l'artiste comporte deux volets. D'une part, une *aide* à la création *stricto sensu*, par exemple la mise à disposition des moyens matériels nécessaires à une mise en scène, d'autre part, un *salaire* pour le travail effectué. En retour, l'artiste offre au mécène une double contribution. D'une part, le *plaisir esthétique*, et ce critère est déterminant : Louis XIV appréciait Molière, raffolait de Lully, il y a un lien artistique direct entre le mécène, qui par ailleurs n'est pas un spécialiste, et l'artiste, échange que l'on ne retrouve pas dans la commande publique. D'autre part, l'*hommage* personnel, et même politique : Racine est exemplaire à cet égard. On remarquera qu'entre l'artiste et le prince l'échange est équilibré : bien abstrait contre bien symbolique, l'aide contre l'hommage ; et qu'il est réel : bien intellectuel contre bien matériel, plaisir esthétique contre salaire.

La relation entre le ministre et le « créateur » dans la commande publique est tout autre. Si l'apport du politique est le même (aide à la création et salaire du « créateur »), l'économie du schéma est cependant bouleversée. L'échange est déséquilibré au profit du « créateur » qui n'apporte au ministre ni plaisir esthétique, ni, officiellement, hommage politique. Pour que le circuit soit équilibré, il faut l'élargir, au-dehors du couple prince-« créateur », au public, que la création est censée satisfaire, ou du moins atteindre, et à la culture nationale, que la commande doit exalter et enrichir. Le « créateur » est donc pris dans un triple échange :

– échange de désirs avec le politique ;

– échange alimentaire avec la culture nationale (rémunération contre promotion) ;

– échange abstrait avec le public : aide à la création contre plaisir esthétique.

Il est clair que, dans la commande publique, seul fonctionne réellement l'échange « créateur »-politique, les liens entre le « créateur », le public et la culture n'étant mis en avant que comme justification idéologique et relevant, soit de la pétition de principe, soit de l'objectif à atteindre, soit du messianisme positiviste (mythe avant-gardiste).

Au total, il n'y a plus *commande* du mécène à l'artiste, mais *demande* de l'Etat envers le « créateur ». L'Etat-mécène n'est plus comme l'*œil* du Quattrocento, qui allait jusqu'à préciser dans sa commande le sujet du tableau, ses formes, ses couleurs, son format ; il n'exprime qu'une supplication vague : « De la création, des créateurs ! dites-moi que je suis un peu artiste. » Ce qu'il faudrait donc appeler non la commande, mais la demande publique est devenu un échange masqué de biens irréels.

Masqué, parce que l'artiste croit recevoir une subvention du ministre, alors qu'en réalité cette aide est la contrepartie du rapport qu'il noue avec le public et la culture, et parce que le ministre échange une subvention, qu'il ne débourse pas, contre un pouvoir, que l'artiste n'exercera pas. Les deux personnages échangent seulement des désirs de reconnaissance. Contre un reflet de la notoriété de l'artiste qu'il aurait voulu être, le politique donne l'illusion du pouvoir à l'artiste reclus dans ses songes.

Une république des artistes ? On parle de cour, de barons, de princes, de rois. On voit des artistes sans aucune solidarité, défendant leurs privilèges caste par caste, pratiquant un à un la délation du concurrent, luttant tous contre tous pour la subvention, et ne s'unissant que contre l'Etat, lorsqu'il refuse de gâcher les deniers publics. Comme l'artiste aime alors prendre un instant les traits du baron Scarpia et faire alterner la tyrannie et le chantage sur le fonctionnaire rétif ! Où donc est la république, c'est-à-dire, si je me souviens bien de mon Montesquieu, la vertu qui en est le premier ressort ? Sans doute est-ce pour partie inévitable, tant l'acte de créer est solitaire, et la concurrence vive dans certains secteurs où trop d'appelés se pressent au suffrage du prince – à défaut de ceux du peuple.

Quant aux intellectuels, qui, comme les artistes, aiment trop souvent le pouvoir et ses fastes, certes, dans l'ensemble, et plus par prudence que par répugnance, ils refusent d'être les apporteurs d'idées d'un parti ou d'un régime, même si plusieurs autrefois en caressèrent le rêve. « Intellectuels organiques » ? Pas vraiment. Ils ont souvent lu Max Weber et savent qu'« on ne peut pas être *en même temps* homme d'action et homme d'études [...] sans manquer à la vocation de l'un et de l'autre ». Mais, philosophes d'antichambre, certains ne disent pas non.

L'histoire intellectuelle de la France montre que ne datent pas du ministère de la Culture les liens privilégiés entre certains penseurs et le pouvoir, qui prirent dans les situations extrêmes la forme d'un indéfectible amour du totalitarisme. Mais se sont-ils égarés ou trompés, ceux qui épousèrent le fascisme, le nazisme ou les différentes variantes du communisme ? La plupart furent désintéressés, mais certains choisirent très raisonnablement le camp de l'irrationnel, cherchant, avec le sens de l'Histoire, celui du vent portant les ailes de leur renommée. Aujourd'hui, les choses ont changé : parmi ceux qui firent leur cour à la gauche au pouvoir, se perdit le goût des dictatures, mais s'accrut le sens de l'intérêt.

En fin de compte, la seule différence parmi les intellectuels fréquentant le pouvoir serait-elle que certains se contentent d'être courtisés, quand d'autres aiment en plus à se faire courtisans ?

Des mines

Que se passe-t-il quand un politique rencontre un artiste ? Il le couvre d'honneurs. Platon proposait de rendre hommage au poète « comme à un homme divin, ravissant et merveilleux », mais de se hâter de le congédier « après lui avoir versé des parfums sur la tête et l'avoir orné de bandelettes ». Au contraire, la Cité moderne réserve à l'artiste une place éminente et lui confère une prépondérance sociale pour laquelle il n'est pas constitué, où il se perd. Dans la république culturelle, qui prend si souvent les traits d'une oligarchie, voire d'une monarchie, les honneurs prennent diverses formes : regards, dîners, discours, médailles, subventions, éloges.

Que regardent les artistes, lorsqu'ils dévisagent le pouvoir ? Distinguons : les petits artistes, ceux qui n'ont que « les petites entrées » au cabinet du ministre, regardent les petits marquis qui le peuplent et guettent dans leurs petits yeux la promesse de petites subventions. Les grands vont au ministre en personne et cherchent dans ses yeux ce qu'ils ont à dire, tandis qu'il se tourne vers les miroirs de son bureau et ne regarde que lui-même. Les très grands artistes – enfin, ceux que les critiques et les complicités ministérielles ont autorisés à se croire tels – sont reçus par le président de la République, dont ils attendent seulement un regard, qu'il se garde d'ailleurs d'accorder.

Les dîners ont lieu chez le président de la République, rarement, et surtout chez le ministre de la Culture. Les artistes généralement ne se font pas prier et viennent comme s'ils étaient commis ou requis ; quand ils ne sollicitent pas eux-mêmes d'être invités à la table du pouvoir. Très rares sont ceux qui refusent, non d'ailleurs par manque du respect dû au membre du gouvernement, à l'élu du suffrage ou au symbole de l'Etat, ce qui serait indigne, non plus par opposition politique, ce qui serait sot, mais par souci de ne pas compromettre leur identité d'artiste. Car l'important n'est pas de savoir qui se rend ou non aux invitations du prince, qui « est reçu » ou pas, comme on dit chez les Guermantes, l'important c'est que l'artiste ne perde jamais de vue que sa visite honore le prince, non l'inverse. Rêveurs, peut-être certains artistes se souviennent-ils du geste de Charles Quint ramassant le pinceau tombé des mains du Titien, tandis qu'ils se penchent, eux, pour retrouver la serviette de table du ministre.

Le ministre de la Culture aime particulièrement les dîners d'artistes et d'intellectuels mêlant courtisans (membres du cabinet, fonctionnaires choisis), vrais artistes et faux créateurs. Là se côtoient professeurs au Collège de France et starlettes, rockers et académiciens. Le ministre passe de table en table, vaguement ennuyé. Les artistes se demandent s'il va leur faire quelque mine, leur dire quelque parole. Il s'oblige aux unes et aux autres. Les courtisans font des chatteries aux artistes, espérant que le ministre remarquera leur familiarité avec ceux dont vient l'onction sacrée : un chorégraphe qui monte, une chanteuse idiote, un peintre de salons (pas ceux où l'on expose, ceux où l'on soupe).

Le triangle se forme et se déforme, toujours le même. Le ministre flatte l'artiste, qui flatte le fonctionnaire, qui flatte le ministre. D'autres géométries sont possibles. La flèche de la flagornerie parfois s'inverse. Personne n'oublie que ce spectacle est destiné au spectateur absolu, encoigné dans le quatrième angle, sans qui rien n'existe : le journaliste. Ici, la presse est en quelque sorte transcendante aux figures. Le journaliste culturel lui aussi prétend aimer les arts et se dispense souvent de les savoir. Il se persuade qu'il fait être ce qu'il fait connaître. Mais, lorsqu'il paraît, l'artiste, le fonctionnaire et le politique s'immobilisent, attendant que la sibylle dise ce qu'ils font, ce qu'ils sont. Ou, tout simplement, dise qu'ils sont, qu'ils existent bel et bien, ce dont, par l'atteinte d'un étrange mal, ils ne sont assurés que lorsque leur nom s'imprime dans les gazettes.

Dans ces dîners, requis, je me soignais de l'ennui par toute la perversion dont je suis capable, en notant des travers, en fixant des images, regrettant de n'être ni Saint-Simon ni Proust, mais me consolant de penser que le spectacle non plus n'était pas celui de la Cour du Grand Roi, ni même celui du salon de Sidonie Verdurin. Manquait cette tenue que l'on doit garder jusque dans l'abjection. Ce n'était même pas drôle. Juste vulgaire.

Quelques tableautins me reviennent de ces mornes pièces avec acteurs mais sans texte. Un metteur en scène de valeur, cependant cruellement démuni des entours qui le pussent porter, se jette littéralement au cou d'une virago qui n'a pour elle qu'une longue endurance à prostituer sa plume au service des puissants de l'heure, et la courtise effrontément malgré sa répugnance pour les êtres qui ne sont pas de son sexe. Une autre fois, ce fut le trio des spectres joué par un compositeur et un directeur d'opéra entourant le ministre : l'homme sans talent, l'homme sans règles et l'homme sans désir échangeaient leurs masques. Seul un journaliste semblait prendre du plaisir à voir tourner ce petit manège.

Des discours

Souvent, c'est une autre manière d'honorer l'art et les artistes, les ministres de la Culture font des discours. C'est un peu leur spécialité dans la division du travail gouvernemental, chargés qu'il sont des œuvres de l'esprit, préposés aux mots et aux symboles. Inauguration de monuments ou d'institutions, propos liminaires de congrès et de colloques, remise de décorations ou dévoilement de stèles, conférences de presse et obsèques d'artistes, plusieurs fois par semaine, ou par jour, le ministre est en charge de ce « devoir de parole » qu'analysa Pierre Clastres dans certaine société primitive.

Ces discours ennuient comme sermons de carême. L'artiste se moque sous cape, le journaliste bâille : les vanteries agacent et les promesses fatiguent. Mais ce doit être ainsi que l'on rallie tous les suffrages, en ne parlant de rien, en n'étant personne. En général, les rédacteurs de ces paroles ministérielles sont des fonctionnaires des services, ou des membres du cabinet. Mais le travers le plus tentant est de demander à des intellectuels, à des artistes, à des hommes de culture de rédiger l'interminable hommage du ministre à la Culture. Le plus étonnant est qu'il s'en trouve certains qui ne décèlent pas toujours sous la confiance qu'on démontre à leur personne le mépris envers leur art, et qui sont assez vains pour laisser confondre en eux le scribe et l'écrivain. Alors peut prendre place entre le ministre et son valet de plume le petit ballet pervers où chacun atteint l'autre au point précis où il défaille. L'homme d'écriture voudra en remontrer au ministre, plaçant dans sa bouche des noms propres qu'il aura bien du mal à prononcer, ignorant à peu près tout de l'affaire qu'on lui fait dire. Mais l'homme de discours ne dédaignera pas, par de discrètes remarques peinées, d'infliger à l'écrivain compromis quelques corrections stylistiques par lesquelles il affichera son souci de bien dire.

La perversité est double : le prince ramène l'écrivain à son labeur de mule, en lui faisant sentir le collier et la bricole lorsqu'il tourne la meule et moud un grain qui n'est pas le sien ; puis il lui lance le coup de pied du meunier pour la mauvaise qualité de sa farine. Pensée libre, écriture propre, la fonction intellectuelle est deux fois rabaissée. Du mépris, on finit toujours par tirer quelque consolation.

Des honneurs

Parmi les honneurs, il y a ensuite les médailles que le pouvoir dispense profusément aux artistes. En cette matière, le ministre fait fonds de façon indécente sur l'inépuisable certitude que l'artiste vain recevra ce sceau apposé sur sa création désormais « brevetée par le gouvernement », comme on estampillait autrefois les marchandises bien faites.

Que ces distinctions soient accordées à tort ou à droit, peu importe. Les décorations ne prouvent rien, même pas qu'on ne les mérite pas, et dire que tel serait digne des Arts et Lettres, tel autre non, serait reconnaître à l'Etat un discernement en matière d'art et de lettres qu'il ne passe généralement pas pour avoir. Ce qui n'est tout de même pas une raison pour coller cette distinction au moindre acteur de série américaine au seul motif qu'il est de passage à Paris.

Les subventions elles aussi peuvent être demandées et reçues comme autre chose que des moyens d'action pour l'artiste : un signe de reconnaissance. Elles attestent le créateur, quitte à le dispenser parfois du souci de l'œuvre, lorsque, l'artiste ne produisant plus ou étant totalement coupé du public, l'Etat le paye non pour *faire* et accomplir son art, mais pour *être*, tout simplement. Parfois, le cabinet recommande le maniement cynique des médailles substituées aux subventions, lorsque les finances sont basses, et qu'il faut faire taire quelques plaintes au fond des gorges sur lesquelles le ministre épingle ses breloques. Et cela marche, le pouvoir, en donnant voix à la vanité qui fait l'homme, parvient à réduire la singularité qui défait l'artiste.

Des disparus

Enfin, dernier honneur, dans tous les sens du terme, l'éloge funèbre. Un contemporain meurt, dont on sait vaguement qu'il sera aussi le contemporain des deux ou trois générations à venir. Sitôt froid, l'artiste est recouvert par les feuilletons, articles et oraisons. Les plumes pleurent de jolies larmes imprimées. Le nécrographe prend la pose et, espérant que la lumière du mort l'auréolera un peu, fait de l'ombre à la grande ombre du disparu.

Mais il y a pire alors que les placards révérencieux des journalistes. Je n'ai jamais trop compris, ni admis, lorsque j'avais à en rédiger, les télégrammes d'hommage à l'artiste mort, dont nos politiques se croient tenus de saluer la dépouille par un bouquet de platitudes emphatiques qui ne montrent qu'une seule chose : jamais ils n'ont entretenu le moindre commerce intime avec ses livres, ses peintures, ses mises en scène. Alors ils s'inclinent d'autant plus devant le mort qu'ils se gardèrent, lui vivant, de fréquenter son œuvre. Quand le mort est de taille, président de la République, ministres, maires, pas un élu ne manque à l'appel. Mais cet appel est-il autre chose que celui de leur nom propre, dont chacun espère que l'accoler à celui de l'artiste défunt lui vaudra, à défaut d'une parcelle de la durabilité attachée à son œuvre, quelques dixièmes de points dans les sondages ?

Quand Racine se fit porter mort à Port-Royal, « cela ne fit pas sa cour, écrit Saint-Simon, mais un mort ne s'en soucie guère ». Ce n'est pas sans dégoût qu'on lit, lorsque meurent les grands artistes, les éloges que la plume d'un obscur courtisan de leur cabinet dicte aux ministres. J'imagine certains disparus s'emporter de voir leur tombe ainsi encombrée de paroles étatiques. Voilà que, même dénudés par le trépas, on les mande, comme autrefois, de se mettre en état d'aller chez le roi.

Des pétitions

Que se passe-t-il quand un artiste rencontre la politique, ou, plus prosaïquement, un politique ? Il signe une pétition. Etrange passion française. Des guerres ethniques en Guinée à la pyramide du Louvre, de l'élection présidentielle à l'euthanasie, rien de ce qui est humain n'est étranger au pétitionnaire, artiste ou intellectuel. Pas de tyrannie dans le tiers monde, d'invasion armée, de dictateur fasciste ou communiste qui ne trouvèrent leur poignée – ou leur cohorte – de signataires défendant la révolution en marche. Ou bien, on vit, parmi d'autres, Lyotard et Glucksmann, à peine désintoxiqués de l'« opium des intellectuels », défendant les drogues « douces » (1976), puis Althusser et quelques autres s'opposant à l'interdiction pénale des relations sexuelles avec des enfants (1977), Trenet signant pour Giscard en 1974, et chantant pour Mitterrand en 1981... Le pire est que les pétitionnaires contemporains furent des intellectuels généralement dignes d'estime, souvent de respect.

Une telle histoire, loin de dorer l'image de nos maîtres à penser, risque de ne révéler que leur effarant aveuglement politique, leur constant goût de l'intrigue et leur inavouable propension à la prébende. (Subvention ou prébende ? Quand il s'agit d'une rémunération versée à un artiste pour se l'assujettir, mon dictionnaire est sans doute trop ancien pour faire la différence.)

Malheureusement – ou heureusement –, le crédit intellectuel s'use. La bonne monnaie de l'autorité morale, à trop signer, devient assignat. C'est que l'engagement, s'il veut garder quelque valeur, doit être rare et constant. Que penser de la même signature retrouvée au bas de manifestes défendant l'Iran, puis l'Irak, approuvant successivement le brejnévisme tankiste et la perestroïka, louant le pape après avoir idolâtré Mao ? Quel crédit donner à celui qui, juste après avoir demandé que soit classée monument culturel la maison de Céline, signe contre l'arrêt accordant non-lieu à Touvier, qui faisait à la main ce que l'autre faisait à la plume ?

La pétition n'est plus ce qu'elle était. Avant, on consentait à être pétitionnaire quand on était intellectuel. Maintenant, on attend de la pétition qu'elle vous sacre intellectuel. Il existe même une corrélation inverse entre l'importance de l'œuvre d'un clerc et la fréquence de ses accès de pétitionite. Levinas, Gracq, ou Starobinski signent peu. Mais que de penseurs absents, au fichier des abonnés de la protestation ! Naguère, de grands intellectuels signaient pour de grandes causes. Aujourd'hui, il n'est pas de cause trop petite pour se faire un petit nom. On a l'affaire Dreyfus qu'on peut.

Nouvelle « trahison des clercs » ? Il n'a plus rien à trahir, le clerc pour qui la pétition n'est plus un regard, mais un miroir, celui qui ne signe que parce qu'il se trouvera en flatteuse compagnie, ou signe « contre » une première pétition par rancœur de n'en être pas. Je signe, donc je suis.

Mais on ne signerait pas tant, si le public n'accordait encore quelque valeur à l'opinion des intellectuels qui souvent ne s'autorisent que de leur nom. Car signe-t-on au nom du savoir, de la réflexion, de la compétence ? Prenons les mots doux échangés sur un problème fort technique (l'architecture de la Très Grande Bibliothèque et son adéquation ou non à la conservation et la consultation des imprimés et manuscrits par les chercheurs). Parmi les « contre », à côté d'utilisateurs scientifiquement qualifiés, pourquoi des physiciens de l'atome ou des romanciers, qui jamais ne franchirent le seuil de la Bibliothèque nationale ? En face ? C'était pis. Parmi les « pour », avec des fonctionnaires de la Nationale enrôlés sans y pouvoir mais, pourquoi quatre ex-premiers ministres, qu'on ne savait pas si mangeurs de bibliographies ? Et ces signataires acteurs ou journalistes, qui ne fréquentent aucune bibliothèque, petite ou grande ?

Perplexe, l'historien se tournera alors vers la sociologie de Pierre Bourdieu pour démonter les rouages de ce rite français et pourfendre cette noblesse de signature. Hélas, le penseur des intellectuels en commit lui-même quelques-unes, dont une pour Coluche, qu'il aurait bien vu à l'Elysée.

A court d'explications devant le phénomène, reste la description d'un « Système de la mode pétitionnaire ». La robe « Ote-toi de là que je m'y mette », si seyante devant les caméras, le modèle « Belle-âme » applaudissant le massacreur d'un autre massacreur qui a cessé de plaire, le débraillé « Anar », qui proteste de l'innocence d'un criminel multirécidiviste, la ligne « Nous nous sommes tant trompés », cela nous donne bien quelque droit à *vous* tromper encore. Au rayon « prêt-à-penser », on recommandera la tenue de combat « Indignation », qui servira de robe-prétexte au cynique qui se moque du monde : du tiers comme du quart.

Bien sûr, des pétitions, il en est d'utiles (demandez à ceux de la Charte 77), mais rarement. Il y en a de courageuses (l'appel des 121 n'était pas sans risques), mais exceptionnellement. Alors, pourquoi ne pas signer uniquement les unes et les autres ?

On peut, avec Valéry et Faust, penser que l'intelligence est plus critique que laudative, et voir dans l'intellectuel l'« esprit qui toujours nie ». Ce qui ne veut pas dire que tous ceux qui nient aient de l'esprit. On observe même un glissement de la pétition du « non » au « oui », notamment quand on signe *pour* tel ou tel homme politique. Sont également méprisables l'emploi, par les politiques, des qualificatifs « intellectuel » ou « intelligentsia » pour récuser le critique qui n'est pas de leur avis, et la pétition du clerc au service de son protecteur ou de sa propre personne.

Qu'un intellectuel, un écrivain ou un artiste signe pour une cause, il s'engage, et parfois s'honore. Qu'il signe pour un parti, il s'affiche. Qu'il signe pour un homme politique, il s'abaisse. Mais il y a pire : qu'il signe pour un parti ou un homme politique qui le fait vivre. Je me souviens de Mauriac, en 1961, lançant à certains signataires du manifeste sur l'insoumission : « L'insoumission, vous, le plus soumis de tous les hommes ! »

D'un philosophe

Que se passe-t-il lorsqu'un artiste ne joue pas le jeu du pouvoir ? Que fait-il ? Rien. Presque rien. Une œuvre. Un livre, une pièce de théâtre. Vaclav Havel en sait quelque chose.

Nous avons tous vu cette photo, à l'automne 1991 : Vaclav Havel, président et philosophe, mal accueilli à Paris, dînant seul, à l'écart, sur une petite table, au cours d'une réunion qu'on n'ose pas dire officielle. Passé de mode, celui qui, quelques mois plus tôt, avait vu les tapis rouges et les flambeaux accueillir sa venue rue de Valois au ministère de la Culture, où, flairant un piège, il n'avait fait qu'une apparition de quelques minutes, courtoise et ennuyée. Ce n'était plus qu'un visiteur un peu gênant, le cousin de province aux idées si démodées. Pensez donc : il n'a qu'un mot à la bouche : morale ! *Sic transit gloria mundi*? Voire.

Je ne suis pas sûr qu'en Vaclav Havel dédoublé l'auteur de théâtre n'ait pas regardé avec son humour ravageur la scène dans laquelle le président de la République tchécoslovaque était aussi mal reçu, et ne s'en soit pas réjoui. En lui, le philosophe se moqua du roi. Il y avait là un beau sujet à philosopher – non pas au sens où l'entendent chez nous les politiques ou les technocrates qui parlent de leur *philosophie* en matière de dévaluation du franc, ou de missile franco-allemand –, non, à faire des livres de philosophe. Simplement, difficilement. Vaclav Havel, qui en avait écrit quelques-uns de forts beaux, se souvint sûrement alors de Platon, promettant que les maux qui désolent l'Etat et le genre humain seraient sans fin. « A moins que les philosophes ne deviennent rois dans les Etats, ou que ceux qu'on appelle à présent rois et souverains ne deviennent de vrais et sérieux philosophes. » J'imagine Havel, souriant et amer, projetant une pièce de théâtre qu'il écrirait le jour où il serait déchargé de tout souci autre qu'écrire de bonnes pièces, qui fassent penser parmi les rires. Oui, lui aussi avait cru souhaitable et possible de « réunir dans le même sujet la puissance politique et la philosophie ».

Et maintenant ? Maintenant que c'était arrivé, et qu'il était *arrivé*. Dans quel état ? demandaient les méchants, répétant une blague qui, non, décidément ne pouvait s'appliquer à lui, issu d'une dynastie de grands bourgeois et qu'on pouvait difficilement taxer d'arrivisme. Il mettrait en scène un Socrate ayant échappé à la ciguë, et devenu par un hasard du destin le gardien de la République qu'il avait bâtie en songe, du temps qu'il dialoguait avec Glaucon. Et Socrate s'ennuyait. S'ennuyait à périr. Rien ne lui servait de philosopher, et il avait lui-même donné la clé de la geôle dorée dans laquelle il tournait en rond : « Un vrai philosophe est celui dont la passion est de voir la vérité. » Il aimait encore la vérité, mais la vérité ne l'aimait plus.

Havel, qui avait écrit dans une lettre de prison (du 22 janvier 1983) qu'il n'avait eu dans l'existence qu'un objectif : « vivre dans la vérité », se figura Socrate étouffant dans un palais tout semblable au château Hradrashin, question de dorures, peut-être, ou de plafonds trop hauts. Non, continuer de philosopher, du haut d'un trône, ce n'est pas possible. S'il n'avait pas suffisamment senti qu'il avait échoué, on le lui faisait sentir. Il n'était pas tout à fait de la famille des vrais politiques. Il prêterait à Socrate ces mots qu'aucun roi en exercice ne saurait dire, mais que lui, Havel, avait prononcés dans son allocution pour le jour de l'an 1990 : « Nous sommes devenus moralement malades, parce que nous nous sommes habitués à dire une chose et à en penser une autre. »

Mangeant son casse-croûte en solitaire, il dénombra, si l'on peut dire, les absents qui naguère l'entouraient, quand les télévisions étaient là et que le soutenaient ceux que sa visite pouvait soutenir vis-à-vis de leur opinion publique. Il rêvassa. Sur la scène, Socrate rabâchait : « Jamais l'ami de l'opinion ne s'élève jusqu'à la connaissance réservée à l'ami de la vérité. » Il y a, en effet, quelques raisons pour que les philosophes deviennent si rarement rois : leur goût pour la pensée, leur manque d'appétence pour le jeu du pouvoir, où l'autre a toujours tort : « Pile, je gagne, face, tu perds ! », leur croyance enfin, toujours démentie, mais ils n'en veulent rien savoir, que le réel se confond avec le rationnel, et que les mots valent mieux que les choses.

Mais la plus forte raison, celle qui donnait si souvent à Havel le désir de quitter une partie qu'il savait perdue, était ce constat que jamais le savoir ne se découvre dans le pouvoir, qu'aucun pouvoir ne découle du savoir que les artistes ont sur eux-mêmes et sur le monde, ni de la connaissance que les intellectuels donnent du réel. De cette certitude insupportable renaît sans cesse le vœu d'un Etat qui gouvernerait au nom de la vérité, ou le rêve d'un pouvoir artiste. Il pensa même aux monstres que ce cauchemar engendra : un peintre sans talent qui entendit fonder un Reich millénaire, un empereur qui incendia Rome, juste pour pouvoir dire : *« Qualis artifex pereo!»* (« Quel artiste meurt avec moi ! »). Le bûcher de leur folie éclairerait de loin la petite rêverie intime de l'homme politique ordinaire voulant racheter les compromissions du pouvoir par la promesse du beau.

Pas possibles, les philosophes-rois, d'accord. Que certains artistes ou penseurs furent tantôt « philosophes », tantôt « rois », à des moments successifs dans le cours de leur vie, ou bien dans le même temps, mais sur des scènes séparées, et sans contrarier aucunement la séparation des ordres, nul ne le savait mieux que lui, Havel, qui ne gouverna pas en artiste et n'écrivit pas en homme de pouvoir. Les actes les plus factices sont souvent les plus applaudis. Ainsi de la pétition politique de l'écrivain, pleine d'adresses, au sens d'habiletés, mais aussi de destinataires. Véritable chauve-souris, elle semble dire, lorsqu'on lui réclame des comptes politiques : « Je suis artiste, voyez ma plume », et, quand on attaque sa littérature, rétorque : « Je suis militant, regardez mes poils. » Encourant deux risques, et non se dégageant de l'un par l'autre, l'écrivain qui se hasarde en politique doit observer deux éthiques. Dans le champ politique, il est soumis à ses règles, notamment ne pas dire n'importe quoi et payer le prix de ce qu'on dit. Dans le champ littéraire, il ne peut s'exempter de la critique au nom de ses états de services.

Mais, en regard, sont-ils vraiment souhaitables, les rois-philosophes ? les rois-artistes ?

Havel, le politique, l'opposant de toujours, avait cru, en devenant président le 29 décembre 1989, qu'à travers lui, désormais, comme il l'avait écrit, avec son sens tout théâtral de la formule bien frappée, « le pouvoir serait à ceux qui n'ont pas de pouvoir ». Un peu, au moins. A ceux qu'avaient fait taire, cinquante ans durant, les rois éduqués dans la philosophie du matérialisme dialectique. Mais Havel, dramaturge et philosophe, n'avait jamais cru que les hommes et les cités fussent des canevas de toile sur lesquels le pouvoir devrait effacer avant de peindre les lendemains qui chantent. Cette métaphore de la toile repeinte lui faisait horreur chez Platon. D'ailleurs, dans sa comédie, il prêterait à son Socrate-Roi quelques traits des membres du *politburo* qui avaient voulu faire ainsi place nette, afin qu'advienne le souriant visage de l'homme nouveau socialiste sur la vieille toile craquelée des passions humaines.

Pouvoir et vérité. Il en avait vu, d'obscènes façons d'accoupler ces deux mots ! Que de tyrannies, au nom de la vérité, depuis que Lénine affirma : « Les révolutionnaires détiennent la vérité. » Détiennent, oui, mais en prison, dirait un personnage de sa fantaisie platonicienne.

Les lustres de la République française s'éteignaient peu à peu, mais Vaclav Havel ne s'en aperçut pas. Il voyait une rampe de projecteurs et un proscenium nu, presque sans décors, comme il les aimait. « Que la République se garde des philosophes-rois, comme des rois-philosophes », murmura Socrate, juste avant que le rideau tombe.

De la création

Pourquoi les mots anciens pour désigner la chose esthétique sont-ils bannis par le ministère de la Culture : art, beauté, œuvre ? On préfère : pratiques culturelles, et surtout, mot rebattu jusqu'à l'écœurement : *création*. Les mots s'emploient toujours dans des conditions psychologiques et sociologiques précises qui devraient détourner l'intellectuel de leur usage non critique. Ainsi, *culture*, comme *vertu*, est rabâché de préférence par ceux qui en manquent, comme *vérité* est le mot favori de ceux qui constamment y manquent. Quant à *création*, ce mot emplit la bouche de ceux qui jamais ne consacrèrent un instant de leur peine et de leur désir à chercher comment une œuvre fut créée, sans parler de s'efforcer d'en faire une. Jamais il n'est tant employé que par ceux que le pouvoir tient le plus éloignés de la créativité artistique : les politiques. Pourquoi ?

Le mot « création » a ses prestiges. Pourtant, rarement vous entendrez un véritable créateur parler de création. Il écrit, peint, sculpte, compose. L'écrivain dira, comme Racan, qu'il n'est qu'un « arrangeur de syllabes », le peintre, comme Balthus, qu'il « essaye d'atteindre une vision intérieure ». Seuls les publicitaires et les coiffeurs diront « je crée ». Mais la distinction entre l'art et ce qui est divertissement, décoration, propagande ou publicité, bref, la question de ce qui est proprement « création », de n'avoir pas été pensée, revient comme le refoulé du ministère de la Culture. Après des années de confusion dévergondée, voilà que resurgit là où on ne l'attendait pas, à la télévision, la définition du mot « création », que

46

Lang avait constamment galvaudé, comme tout récemment lorsqu'il fit signer pour l'adoption du traité de Maastricht, sous la rubrique « plasticiens, stylistes et créateurs », côte à côte les peintres Valerio Adami et Pierre Soulages et les cuisiniers Paul Bocuse et Michel Guérard, les architectes Dominique Perrault et Jean Nouvel et les couturiers Daniel Hechter et Sonia Rykiel. Mais, lorsque TF1, plus languienne que Lang, fit passer pour « œuvres de création » la présentation des résultats du Loto, on lui rappela que la création n'incluait que les œuvres de fiction, les émissions littéraires, les retransmissions de concerts, d'opéras, ou les pièces de théâtre. Voilà que revient le mot banni « œuvre », et que la création n'est plus que ce que, de toujours, on nomma ainsi.

Créer. Les croyants laisseront ce soin à Dieu. Mais la première raison de l'emploi de ce cliché est sans doute que « création » flatte le reste de religiosité qui sommeille en chacun. On a souvent rapproché la Culture du culte. L'art, nouvel opium du peuple ? C'est vrai, l'artiste a supplanté le prêtre pour l'onction de légitimité qu'il donne au politique. Avant de se lancer dans une bataille politique, au lieu de consulter les augures ou de recevoir la bénédiction de l'évêque, le prince cherche l'accolade de quelques stars. Depuis que Malraux compara ses maisons de la Culture à de modernes cathédrales, toute la thématique de la création esthétique emprunte son vocabulaire au sacré et au religieux. C'est toute la force de l'Eglise : marier les contraires sous la forme du mystère. Un de mes prédécesseurs à la direction de la Musique et de la Danse du ministère de la Culture, Maurice Fleuret, considérait qu'il était entré en religion le jour de sa prise de fonctions, et qu'il avait exercé un véritable *ministère*. Tout laïc qu'il fût – ou parce qu'incroyant ? –, il s'estima en charge d'un magistère divin. J'eus de plus modestes ambitions, moi qui suis tout aussi laïc – mais pense parfois que, sans Dieu, l'humanité devient folle, ce qui hélas ne l'empêche pas de l'être affreusement quand elle confond Dieu avec une croyance incarnée, une Eglise, un pouvoir. En aucun cas la culture n'est un ministère, au sens religieux ou missionnaire, mais c'est cette conception qui justifia qu'elle devint un ministère, au sens budgétaire et administratif, doté de 16 000 agents pour gérer les intérêts d'artistes moins nombreux sans doute, si l'on garde une définition un peu consistante du mot. Je pousserai la malveillance jusqu'à considérer que la Culture est la religion de ceux qui n'en ont pas. Pas de culture, veux-je dire. De religion non plus, bien sûr, mais c'est là leur affaire, et ce n'est pas moi qui le leur reprocherai. Je suis trop ennemi de la religion pour accepter celle de l'art.

Il y a une deuxième raison à l'étrange faveur dont jouit la création aux yeux des hommes de pouvoir. On trouve plus de traits communs entre l'artiste et le prince qu'on n'est prêt à l'admettre. Leurs rapports violents, complexes, contradictoires tiennent à ce que l'un et l'autre se débattent avec l'être, ou plus exactement le manque à être, plus qu'avec l'avoir ou le faire. L'artiste comme le politique ne sont que par ce qu'ils font. On ne choisit pas d'être artiste, ou prince ; on ne peut faire autrement ; on ne sait rien faire d'autre que ce à quoi on s'est voué, le premier par incapacité à l'action, le second par peur de la pensée. Tout comme la recherche du beau, l'aventure du pouvoir – parfois une médiocre occupation – part de la crainte d'être seul. Mais, alors que la politique est toujours publique, le travail de l'art ne fuit la solitude de la vie que dans la solitude de l'œuvre. Créer, c'est faire face à l'angoisse, la dévisager comme une sœur secourable. Gouverner, c'est lui tourner le dos. Le pouvoir est l'inépuisable tentative d'en finir avec la création.

Là est la grande différence. On crée avec ce qu'on est. On règne avec ce qu'on n'est pas. Souvent les hommes politiques, ou plus largement les servants du pouvoir, donnent le sentiment qu'ils n'*ont* pas le pouvoir, pour en faire quelque chose, mais qu'ils *sont* le pouvoir, et se contentent de l'être. On a même dans certains cas la pénible certitude qu'ils ne sont que parce qu'ils sont au pouvoir, qu'ils tiennent au pouvoir « comme la merde à la chemise », dit Vaclav Havel, qu'ils ne tiennent que par le pouvoir. D'où la tragédie personnelle lorsque les abandonne leur être public. C'est que, hors de lui, ils perdent le sentiment et le sens de leur propre existence.

Du divertissement, Pascal donna la plus brève et la plus dure définition : « Etre empêché de songer à soi. » Pour cela, tous les moyens sont bons. Mais aucun n'est plus divertissant que de se rendre homme si public que le monde vous donne figure et image. Le pouvoir dépossède de soi. C'est pourquoi on le recherche tant. L'artiste, c'est sa grandeur ou sa servitude, ne songe qu'à soi. A ce soi artificieux et vrai qu'est l'œuvre.

« On crée avec ce qu'on est », cela veut dire aussi que, dans la création artistique, ce que je fais, c'est ce que je suis. Personne d'autre ne peut le faire. Ce peut être infime et passager, ou durable et fort, ce peut être *Les Fleurs du mal* si l'on est Baudelaire, ou bien *La Double Vie* si l'on est Charles Asselineau, son contemporain oublié. En revanche, à quelques exceptions près, ce que fait l'homme de pouvoir, certes avec des efforts admirables, grâce à des talents non négligeables, le premier venu pourrait le faire, employant ce que Valéry nomme « la raison moyenne ». C'est même le sens profond de la démocratie, que le politique n'est qu'un représentant n'ayant en tant que personne aucune subjectivité ou singularité à exprimer. Un artiste ne dit jamais « nous ». Un politique ne dit jamais « je ». Le premier tente précisément ce que l'autre fuit : se dire en tant que sujet. L'artiste dit ce qu'il est, le politique parle pour n'être pas. Le pouvoir ne crée pas et le créateur ne peut rien. De cette vérité intellectuelle, la séparation démocratique des ordres n'est que la traduction politique.

La troisième raison de la faveur imméritée du mot « création » est paradoxale. Il se joue un étrange chassé-croisé entre la création comme fait et la création comme valeur. Peu à peu, tout nous éloigne d'une vie créative, non tant dans l'acception spécifique de création artistique que dans celle que le psychanalyste anglais Winnicott proposait de ce mot, donner du sens à sa propre vie, au lieu de le recevoir entièrement du dehors. Mais on a le sentiment qu'à mesure que la créativité déserte le réel la création comme slogan embrase le discours public. Déniant cette misère, l'idéologie de la création permet, et ce n'est pas son moindre avantage, d'accréditer le mythe d'un « tous artistes ». A l'inverse, le mot « œuvre » évoque trop l'ouvrage, l'ouvrier qu'est tout artiste. Alors, on répète le mythe flatteur mais faux d'une créativité générale et innée, on fait croire que Mozart sommeille en chaque enfant, prêt à être assassiné. Par qui ? Par la société, peut-être, l'Ecole, sans doute. Heureusement, le ministère de la Culture veille, qui, pour ne désobliger personne et faire se lever un peuple de créateurs, emploie des mots moins exigeants : produits, performances, événements. Ou plus pompeux : créations. Sans doute « œuvre » est-il à la fois trop peuple – le peuple vénère « la belle ouvrage » – et trop aristocratique – le chef-d'œuvre n'est pas loin et difficilement à la portée de tous.

Mais les décrets ne suffisent pas à faire éclore les chefs-d'œuvre. Il faut « le décret des puissances suprêmes », pour reprendre l'expression de Baudelaire. A la liste (dressée par Daniel Pennac) des verbes qui ne supportent pas l'impératif : aimer, rêver, lire, j'ajouterais volontiers : créer.

Des langues

Seconde ressemblance entre le penseur – ou l'artiste – et le politique : leur commun goût du langage. Mais ici encore il s'agit d'une similitude de surface.

S'agissant de l'intellectuel, on pourrait, reprenant une formule célèbre, dire que ce qui l'oppose au politique est qu'il ne veut qu'interpréter le monde, alors que le politique se propose de le transformer. Ce serait méconnaître que l'interprétation juste transforme le réel et que l'un et l'autre utilisent le langage dans un rapport à la vérité, même s'il n'exclut ni l'erreur ni le mensonge, ou, en tout cas, à une réalité qui lui est extérieure. La différence n'est pas que le penseur saurait de quoi il parle et le politique non. Comme tout le monde, sauf les imbéciles, l'un et l'autre ne savent pas exactement de quoi ils parlent. Ou plutôt, comme tout être doué ou affligé d'un inconscient, même quand ils savent, ils ne savent pas *ce* qu'ils savent. La différence est que l'intellectuel veut savoir de quoi il parle, et que l'homme de pouvoir s'en moque.

Le cas de l'artiste, et singulièrement de l'écrivain, est différent, il regarde la langue comme une fin en soi, qui ne saurait ni servir ni asservir. Juste dire l'indicible, ce qui suffit à sa peine. Non pas, comme l'art contemporain n'a que trop tendance à en donner

50

l'exemple, que la langue de l'art soit autoréférentielle, qu'elle ne dise rien sur rien, qu'elle ignore la réalité sociale. La différence est ailleurs. L'artiste ne peut vouloir dire. Il dit, comme malgré lui. A travers lui, une certaine époque se transpose, une certaine sensibilité sociale se met en scène. Tout autre est le langage politique. Quand le pouvoir se sert des signes, c'est pour maîtriser à travers eux les hommes et les biens, non pour chercher un sens nouveau. Le verbe *pouvoir*, malgré les apparences, est un verbe intransitif. Gouverner, ce n'est pas décider, c'est parler. Et parler surtout pour ne pas dire, ne pas répondre, ne plus se poser de questions. Quand on exerce le pouvoir, on parle sans cesse, on n'écoute plus. Le pouvoir ne peut... que le pouvoir. Il veut persévérer dans son être, non se risquer dans son faire. Qu'on se souvienne de Joseph II prodiguant ses zéros, et disant seulement, à propos de l'art : « Je suis », et non : « J'essaie de changer le réel. » La langue du pouvoir est intraduisible dans la langue de la création artistique, et réciproquement. Si le pouvoir et la création sont en guerre, bien que leurs plénipotentiaires négocient toujours quelque alliance, c'est donc avant tout affaire de langues.

Ce n'est pas la même langue, celle qu'emploient l'Etat, ses ministres et ses agents, et celle qu'inventent les artistes. La première, qui sait ce qu'elle dit, ou le prétend du moins, n'est qu'un outil : langue du faire, du faire faire, du faire croire, du faire savoir. Une langue masquée. La seconde, qui dit ce qu'elle ne sait pas, et l'avoue, est un matériau : langue du dire, qui transige peu, n'agit pas et ne veut rien, bien qu'elle soit tendue pourtant par une action et une volonté intransigeantes. L'une est un moyen au service d'un but qui lui est étranger : l'utilisation d'autrui ; l'autre, un moyen inséparable de sa fin : la perfection de la forme.

Que l'on considère maintenant le régime linguistique – je n'ose pas dire le style – de n'importe quel discours prononcé par n'importe quel ministre de la Culture, à l'exception peut-être de certains de Malraux. Dans ce langage, toujours le même quand le fauteuil change de fesses et la Culture de ministre, quelques constantes.

La syntaxe est d'une affligeante pauvreté. La rhétorique révèle un usage consommé des expressions contradictoires qui ne signifient rien. Parmi ces *contradictio in adjecto* ou *oxymoron:* ministère de la Culture, culture de masse, culture mondiale, consommations culturelles, industries culturelles, aide à la création, impératif culturel, etc. Le lexique use de mots outrés ou vagues. Ici, le technocratique le dispute au publicitaire. Là, c'est l'emphase des comices culturelles ou les promesses de bonheur par les arts. On aime tout spécialement les mots laids. *Transversalité, émergence, polyvalent, synergie, multipolaire, sophistiqué, pluri-disciplinaire, innovant.* On se lasse vite à énumérer les barbarismes de l'idiome culturel, mais ce sont des mots de passe, qui scellent les oreilles, et l'entendement avec, mais ouvrent les portes et les bourses. Le jargon des agents étatiques de la Culture a un goût immodéré pour le cliché, le lieu commun, les mots-valises : *ouverture, décloisonnement, bonheur.* Le pire est la passion des majuscules aussi grimaçantes que les sourires forcés des présentateurs de télévision. A cet égard, notons que peu de fonctionnaires, moins encore de journalistes et aucun artiste, ne semblent savoir que ni le mot *ministère* ni le mot *ministre* ne souffrent la majuscule, et que, si *Dieu* ou *Etat* en leur majesté l'exigent, cela ne confère pas la moindre onction de sacré à ceux qui en sont les vicaires, ce qui veut dire les incertains et temporels représentants. Aussi bien, ministre ne signifie rien de plus et rien de moins que serviteur. Quand il s'agit des Grands Projets, la majuscule est à la puissance seconde, redoublée par l'épithète : *Grand* Louvre, *Grande* Arche, *Très Grande* Bibliothèque. Cette mode des majuscules est droit empruntée au monde des affaires, grand consommateur de sigles censés « fidéliser » la clientèle. Finalement, la comédie de la Culture se joue dans une langue que personne ne parle, parce que ceux qui la parlent ne sont personne. Comment auraient-ils un style, acharnés qu'ils sont à s'oublier, quand le style est l'effort pour être ce qu'on est ? Au total, une langue étrangère à la langue commune comme à la langue littéraire. On administre la Culture comme on administre les mourants : quelques formules mortes sur une chose morte. On croit que tout est dit et rien ne l'est. Peut-être la politique ne va-t-elle pas sans un certain mépris de la langue.

Je force sans doute le trait. Si le domaine de l'art n'était qu'exil et silence, si le pouvoir ne faisait qu'en blasonner le mur d'enceinte sans y entrer, si la langue qu'on y entend était toujours langue étrangère, l'Etat ne pourrait annexer ce domaine et corrompre cette langue. Il doit bien y avoir, dans la création elle-même, dans ses procédures et ses enjeux, une prise pour la stérilité non créatrice de l'Etat. Tous les artistes ne sont pas Philippe de Champaigne ou Mallarmé. Beaucoup, tels Tintoret ou Hugo, inscrivirent leur *libido dominandi* au cœur de leur art. C'est en fait en chacun de nous, sujets que nous sommes de la langue, que se livre une constante bataille entre la langue du pouvoir et celle de la création.

Des instruments

Pour conclure cette présentation des acteurs d'une pièce, qui hélas n'est pas cette *Tragédie de la culture* à laquelle Georg Simmel consacra un beau livre, mais plutôt une farce où le bourgeois gentilhomme en mal de culture ferait place au démocrate monarchiste en manque de culturel, on peut se demander si finalement l'Etat, sous sa face politique, s'est mis au service de l'art, ou bien s'il a mis l'art à son service. Les deux, car il faut bien faire tout de même quelque chose pour l'art et assurer, à défaut de sa vitalité, sa pérennité, afin qu'en retour, il assure celle de l'Etat-mécène. Dans ce circuit, dont le public est exclu, sauf par inadvertance pourrait-on dire, il faut également au passage satisfaire les intérêts des artistes.

Que fait le mécène étatique avec les artistes ? La réponse est chez Tocqueville parlant du roi et des courtisans : « Il les enrichit et les méprise. » Il est vrai qu'ici encore ils le lui rendent bien. Car vouloir asservir expose toujours au risque de devoir servir ceux dont on croyait se servir. Le pouvoir considère la langue comme un instrument, permettant de transformer l'autre en instrument. Mais l'art n'est pas une flûte dont jouerait le pouvoir culturel pour enchanter jusqu'à l'abîme un peuple de rats. Les artistes devraient ne servir personne, parce qu'ils ne servent à rien. Qu'on me pardonne : dans cette instrumentation de l'art et des artistes, je ne vois ni un programme ni une attitude de gauche. Chacun ne doit parler que dans les limites de sa compétence et ne peut agir que dans celles de sa responsabilité, tel me paraît être le premier principe d'une séparation démocratique des pouvoirs. Pas plus que le politique ne pourrait être artiste, l'artiste ne saurait se comporter en homme politique. Chacun a les devoirs et les limites de son ordre, et est, hors de celui-ci, non seulement illégitime, mais impuissant.

Dans l'histoire de France, la République n'eut jamais ses artistes, laissant ce douteux privilège à la monarchie absolue et aux deux Empires. Il faudra que l'on s'y fasse. Il n'y a pas, il n'y a jamais eu, il ne devra jamais y avoir une république des arts. Il y a une République, et puis, il y a des arts. Et je suis sûr qu'on les doit séparer, si l'on veut que l'une et les autres vivent.

Lorsque j'étais en charge de la politique de la musique et de la danse, jamais je ne sortis de ma fonction, par exemple pour orienter la programmation en me substituant aux responsables artistiques, ou faire état de mes préférences pour tel ou tel compositeur, type de musique ou interprète. Non que je n'aie eu toujours mes goûts et mes dégoûts, et parfois fort envie de les dire. Mais je savais trop que, si je l'avais fait, j'aurais en retour autorisé mes interlocuteurs artistes à sortir de leur compétence et à examiner, juger et décider des questions administratives et financières qui étaient mon lot. La première fois que je reçus Daniel Barenboïm, je commençai par lui dire que, de même que je ne me ridiculiserais jamais à lui donner des conseils sur la manière de tenir sa baguette de directeur musical de l'Opéra-Bastille, de même j'attendais de lui qu'il ne me donne point les siens sur la manière de décider de l'emploi de mon budget.

Montaigne, qui fut politique et écrivain, ne fut pas politique dans ses *Essais*, ni littérateur à la mairie de Bordeaux. « Le maire et Montaigne ont toujours été deux, d'une séparation bien claire. » Ne brouillons pas les ordres. Politiques, ne vous occupez surtout pas de notre bonheur ! Artistes, ne déguisez pas votre *libido dominandi* en *libido scribendi*! Comme tout serait plus simple, si le pouvoir se suffisait d'être le pouvoir, si l'artiste n'aimait que son art. Mais non. Le puissant ne se contente pas d'être obéi, il veut être aimé. Le créateur veut être craint, et ne se satisfait pas toujours d'être admiré. Qu'on cesse donc de confondre « la peau et la chemise », comme dit encore Montaigne, en déguisant la culture d'oripeaux politiques ou en vêtant la politique de hardes culturelles.

Exercer à la fois ses fonctions et ses goûts était peut-être encore possible au temps où Jean Cassou était directeur du premier Musée d'art moderne. Aujourd'hui, si forte et détaillée est l'emprise des milieux et des intérêts sur les décisions étatiques que le responsable culturel est vite forcé de choisir entre perdre son goût ou quitter ses fonctions. Il m'a fallu quelque temps pour cesser de croire naïvement que l'on pouvait ensemble diriger et désirer, décider et penser. Le jour vient où, pour rester soi, il faut s'avouer sa défaite, quitter la scène pour la coulisse et préférer l'inquiétude sur qui l'on est et ce qu'on veut à l'oubli des autres, qui est l'autre nom du pouvoir. Que ce pouvoir fût culturel le rendait plus lourd : quelle peine de n'être plus soi, ni dans ce qu'on dit, ni dans ce qu'on pense, ni dans ce qu'on fait, quand c'est au nom de la musique qu'on administre ! En mai 1991, renonçant à parler et à agir contre ma conscience et, pire, contre mes goûts, j'ai quitté mes fonctions.

II
La pièce

*Il n'existe tout compte fait que deux sortes de péchés mortels
en politique: ne défendre aucune cause et n'avoir pas le sentiment de sa responsabilité... La vanité, ou, en d'autres termes,
le besoin de se mettre personnellement, de la façon la plus
apparente possible, au premier plan, induit le plus fréquem-
ment l'homme politique en tentation de commettre l'un ou
l'autre de ces péchés ou même les deux à la fois. D'autant
plus que le démagogue est obligé de compter avec «l'effet
qu'il fait» – c'est pourquoi il court toujours le danger de jouer
le rôle d'un histrion ou encore de prendre trop à la légère la
responsabilité des conséquences de ses actes, tout occupé
qu'il est par l'impression qu'il peut faire sur les autres.*

Max Weber

Des mythes

Il est temps d'en venir à la pièce elle-même. Plus de trente ans de ministère de la Culture, douze ans de politique « de gauche » (la droite sur ce point n'eut ni le temps ni l'idée de mener une autre politique), quelques « Grands Travaux présidentiels » par lesquels l'Etat fit l'important sans l'être toujours, un budget triplé depuis 1981 ; et après ? De cette politique culturelle spectaculaire et dispersée, volontariste et coûteuse, dispendieuse même dans certains domaines, il serait temps de dresser un bilan.

A entendre les politiques de la Culture, qui confondent médiation et médiatisation, il y aurait eu, grâce à l'Etat, un remarquable « élan culturel ». Que le ministère de la Culture dise tout le temps tout le bien qu'il pense du ministère de la Culture, rien d'étonnant. C'est ce qu'on appelle « communiquer » : faire admirer les décisions déjà prises, et faire connaître celles qui ne le furent pas. Mais le sentiment le plus répandu, même en dehors du cercle des professionnels et des initiés de la Culture, est qu'il existe une vague de fond d'événements artistiques. A lire les porte-plume du ministre dans les pages culturelles des journaux, à consulter les programmes des festivals d'été, la France serait devenue une terre d'élection des arts. Les plus nuancés affirment que l'art au bout du compte, ayant annexé de nouvelles provinces, aurait gagné en extension et en présence sociale ce qu'il perdait en valeur et en durée. Sa majesté régnerait désormais sur de nouveaux sujets. Il faut évidemment y regarder de plus près.

Il y a là un mythe d'autant plus durable qu'il est soutenu par ceux à qui il offre une belle image d'eux-mêmes, c'est-à-dire par tous : l'homme ordinaire, le faiseur d'opinion, le politique.

C'est aujourd'hui un *devoir social* pour l'homme ordinaire d'honorer l'art. En fait, toutes les enquêtes sur sa fréquentation souffrent d'un biais : les interrogés affichent des lectures, des visites de musée, des auditions de musique bien plus nombreuses qu'en réalité. On déclare aimer Brahms, et on écoute le Top 50. Bien plus, avec la valorisation croissante de la Culture, ce biais s'aggrave. D'enquête en enquête, les personnes interrogées ont tendance à surestimer davantage leur fréquentation de l'art.

Par ailleurs, la culture est un *devoir médiatique*. On aurait tort d'attendre des faiseurs d'opinion que sont les journalistes culturels qu'ils ne surestiment pas la vitalité d'un secteur dont ils sont partie prenante. La réalité a certainement moins changé que la représentation qu'en donnent les médias inclinés à chanter l'éclat de la politique culturelle.

C'est enfin un *devoir politique* pour les gouvernants d'offrir à tous un bien si essentiel. Mais, de ce côté aussi, on fait semblant. On grimace, comme on disait au XVIII\e siècle. On prône l'accès aux œuvres, cependant qu'on reste entre soi.

Mais, comme tout mythe, celui de l'essor culturel de la France repose sur des éléments de réalité. Il serait tout de même paradoxal ou scandaleux qu'on dépensât 13 milliards de francs sans que rien de culturel ne se fît. Beaucoup de choses furent entreprises, certes. Mais quoi ? Comment ? Où ? Par qui ? Pour qui ? Devant quel public ou absence de public ? Avec quels résultats ? La multiplication même des spectacles, des événements et des lieux, si on la rapproche de la très faible progression, quand ce n'est pas stagnation ou diminution, du nombre total de spectateurs touchés, renforcerait le sentiment d'un relatif échec.

Grâce à tous ces efforts, par, ou malgré, tous ces discours, la France culturelle est-elle une France cultivée ? Deux ordres d'évaluation devraient inciter à la modestie les gestionnaires d'une politique culturelle à la française : le renom à l'extérieur, le retentissement à l'intérieur.

Du renom

La question de la « culture française » est difficile. Employer ces mots n'est pas nécessairement céder à un nationalisme ombrageux. *Défense et illustration de la langue française*, ainsi du Bellay formulait la tâche qu'il s'assignait. En dépit des apparences, le programme était modeste, simple et droit. *Défense* ne signifiait pas négation rétrograde de l'autre, mais questionnement de soi ; *illustration* ne voulait pas dire rendre illustre, mais rendre évident ; *langue française* n'excluait ni ne restreignait, mais désignait notre première responsabilité : nous sommes les obligés de notre langue et de notre culture. On eût pu concevoir que cette ambition animât le ministère de la Culture : défendre et illustrer la culture de la France, être ce qu'on est, et le dire, du mieux qu'on peut, au présent, au lieu de se fuir dans le ressassement de nos gloires passées, ou dans la fuite en avant d'une modernité assimilée aux « nouvelles technologies ». Cependant, le renom de la France, on l'attendit d'autres choses : le plus volatil, farces et fêtes, et le plus lourd, grands, très grands travaux.

Mais les termes de « culture française » sont à présent trop chargés de nostalgies réactionnaires pour qu'on n'hésite pas à les employer. Je préfère la position d'un Valery Larbaud, qui confiait à son Journal en 1912 : « [...] Tout écrivain français est international, il est poète, écrivain, pour l'Europe entière et pour une partie de l'Amérique par surcroît... Tout ce qui est « national » est sot, archaïque, bassement patriotique... C'était bon dans des circonstances particulières et à des époques particulières, mais tout cela est révolu. Il y a un pays d'Europe. »

En ce débat, on navigue en fait entre deux stéréotypes : une France mère des arts qui flatte notre inépuisable contentement d'être français, une France terre de déclin qui ne fait que garder le même idéal en le situant dans un passé révolu mais introuvable. Où Marc Fumaroli vit-il sous la Troisième République cette floraison d'artistes appréciés par un peuple essentiellement cultivé ? Opposer à l'idée de leur progrès constant celle d'une décadence sans fin de l'art et du goût, c'est répondre au cliché par le cliché.

Pourtant, le discours dominant est si satisfait que c'est le premier cliché qu'il faut d'abord critiquer. Il y a certes beaucoup de prétention chauvine à croire que le monde entier nous envie le centre Georges-Pompidou, l'Opéra-Bastille, le ministère de la Culture et les soutiens qu'il apporte à la mode, à la gastronomie et à la chansonnette. La « Culture dans un seul pays », *credo* que la gauche a su faire partager par la droite, trahit souvent la franchouillardise de ceux qui n'ont jamais mis les pieds au musée de Washington, à l'Opéra de Munich, à l'académie Chigiana de Sienne ou à la British Library, et se vantent du plus moderne Opéra, de la Très Grande Bibliothèque, de la Cité de la Musique. Paris, capitale des arts plastiques ? Il faut être parisien pour le croire. Voyez plutôt New York, Bâle ou Munich. Capitale littéraire ? Oui, il y a soixante ans. Capitale musicale ? Demandez aux grands chefs, qui ne consentent à diriger nos orchestres qu'au prix fort et parce qu'il y a à Paris, en effet, les meilleurs hôtels et le commerce de luxe du faubourg Saint-Honoré. Hors de nos frontières, l'Opéra-Bastille ne suscite pas l'envie, mais le rire, ou la désolation, et mieux vaut ne pas comparer avec la plus moyenne bibliothèque d'université américaine la bibliothèque publique du centre Beaubourg, clochardisée et croulant sous un public d'étudiants qui aurait dû trouver les outils de sa documentation ailleurs, dans les universités.

De plus en plus cultivée vraiment, la France, depuis 1981 ? Le chiffre d'affaire du seul PMU s'élève à quatre fois celui de toute l'édition du livre. Entièrement étatique, le marché des jeux a progressé cinq fois plus vite que celui de la culture. Ces chiffres devraient appeler à plus de réserve un Etat qui favorisa davantage les jeux de l'argent que ceux de l'esprit.

Le contentement chauvin fait plus de mal à notre pays que la modeste recherche de son génie. En matière culturelle, il y a, mais je ne suis pas sûr que nous ayons à nous en vanter, au moins une unicité française : un « mode de production » original, comme on disait naguère, socialisé ou socialiste *dans ses moyens* inspirés des anciens pays du même nom, et libéral *dans ses contenus* idéologiques venus des Etats-Unis. Bref, le commissariat d'Etat à la Culture, plus l'*underground*. « L'agit-prop » taggeur, moins le réalisme socialiste. Car, à peu près partout dans le monde, l'offre et la demande de biens culturels dépendent pour l'essentiel de choix et de circuits privés, tandis que la France, depuis 1959, ajouta au patrimoine et aux Beaux-Arts les aides à la création et à la diffusion, et que l'Etat entreprit une politique d'offre massivement financée sur fonds publics, quasi monopoliste dans certains secteurs : art lyrique, monuments présidentiels.

On n'a pas assez remarqué comme l'intitulé même du ministère de la Culture s'était gonflé au fil des ans. Telle la grenouille de la fable, c'est aujourd'hui le ministère le plus petit en termes de crédits qui a le plus gros nom : ministère de la Culture, de la Communication, des Grands Travaux et du Bicentenaire, intitulé que l'attribution à Jack Lang, outre ce ministère, de celui de l'Education ne modifia guère, les deux entités restant entièrement distinctes. Les titres veulent toujours dire quelque chose. Celui-là montre clairement comment l'art fut d'abord noyé dans la Culture, puis celle-ci soumise à la communication, au sens large, qui inclut, dans un pays épris de son propre passé, quelques *monumenta* et *memoranda*.

Dire, comme autrefois, « affaires culturelles » indiquait au moins qu'il y en avait d'autres qui ne l'étaient point. Le pluriel de bon aloi gardait un air de modestie, comme les affaires sociales ou les affaires étrangères. L'appellation *secrétariat d'Etat aux Beaux-Arts* avait naguère au moins le mérite de la discrétion (secrétariat et non ministère) et de l'exactitude : on peut la préférer à un ministère des Artistes qui n'ose pas dire son nom.

Du retentissement

Le retentissement intérieur ? D'une politique financée sur fonds publics, c'est-à-dire par tous, on peut attendre qu'elle bénéficie à chacun et lui apporte davantage de familiarité avec cette chose nécessairement toujours étrange et étrangère qu'on appelle l'art. De budgets croissants, auraient dû s'ensuivre un approfondissement et un élargissement du goût. Qu'en est-il ?

Mettre en balance *globalement* les dépenses consacrées par l'Etat à la culture et celles affectées à d'autres actions plus nécessaires n'a guère de sens. Le budget de la culture est à peu près équivalent à celui affecté au revenu minimum d'insertion. Qu'en conclure ? Que mieux vaudrait réduire le premier au bénéfice du second, et aider plus de gens à survivre, ou permettre de vivre à ceux qui survivent ? Pourquoi pas ? Mais un pays riche n'a pas à choisir entre le nécessaire et le superflu. D'ailleurs, qu'est-ce que le superflu, « chose si nécessaire », disait Voltaire ? Et Sainte-Beuve, qui n'était pas précisément un socialiste, répondait : « En ce qui touche les intérêts de l'esprit, les ruines, une fois faites, par le temps qui court, ont grande chance de rester des ruines, et, quand la société a tant à lutter pour subvenir au strict nécessaire, il peut arriver que le jour de la réparation se fasse longtemps attendre pour le superflu. »

Mais, de ne pas se poser globalement, la question ne saurait être évacuée *dans le détail*. Il y a, dans les dépenses étatiques pour la culture, du superflu *superflu*, si l'on peut dire, et du superflu nécessaire.

C'est à cet examen détaillé que je me livrerai maintenant, en évoquant d'abord ce qu'on peut nommer le paradoxe de l'Etat musical : dans une France peu musicienne, la musique est comme nulle part ailleurs une affaire d'Etat. Depuis 1981, on observe une extension indéniable de l'action de l'Etat en matière musicale et chorégraphique. Le budget de la direction de la Musique et de la Danse (hors Grands Travaux et équipement) est passé de 499 millions de francs en 1981 à 1 540 millions de francs en 1991, triplant en francs courants et doublant en francs constants. Ceci représente 17 % des crédits de la culture, et le plus gros budget d'interventions du ministère.

Au cours de la même décennie, on a observé un essor de la musique dans ce qu'il est convenu de nommer « pratiques culturelles ». Accroissement incontestable, mais dont les causes tinrent davantage à la logique du marché des biens d'équipement sonore, et de façon plus générale à la démarche consommatoire, qu'à la politique propre du ministère de la Culture qui demeure marquée plus par les mesures visant à augmenter l'offre (nombre d'orchestres, festivals, compagnies de danse subventionnés) que par les actions à long terme (soutien aux pratiques d'amateurs, enseignement général et spécialisé). Autrement dit, on a négligé gravement ce qui relève d'une politique de la demande, seule porteuse de comportements culturels élargis et enrichis.

Nulle part cette « logique de l'offre » ne fut plus évidente que pour la musique contemporaine d'inspiration post-sérielle ou atonale. Car, dans l'engrenage de la subvention, on a tôt fait de réclamer de l'Etat qu'il finance toute la chaîne du « produit » : l'amont de la composition (équipements électro-acoustiques et informatiques, chercheurs), la composition de l'œuvre proprement dite (commande publique, mise en résidence du compositeur), son exécution (ensembles de musiciens subventionnés ou « missionnés »), sa diffusion (la salle, le festival, leur équipement et leur fonctionnement), sa périphérie enfin (l'édition de la partition et celle du disque, si enregistrement il y a, la diffusion sur la radio d'Etat, l'archivage dans le Centre de documentation de la musique contemporaine, etc.). Seul l'extrême bout de la chaîne, l'auditeur, rare il est vrai, n'est pas encore subventionné. Du moins la petite partie du public qui n'appartient pas à la *nomenklatura* des invitations. Double spécificité de la France : une musique officielle, un financement officiel de la musique, le second expliquant d'ailleurs l'existence de la première.

Même l'extension du subventionnement depuis 1982 aux musiques dites d'aujourd'hui (comme si Bach n'était pas d'aujourd'hui !) s'analyse comme un développement du clientélisme étatique à des secteurs non encore touchés (musiques traditionnelles, jazz) ou ayant vocation à la rentabilité (rock). Dans quel pays se sera-t-on donné le ridicule de mettre en place un *Orchestre national de jazz*, un *Conseil supérieur de la musique*, un autre pour la danse ? Bientôt une *Maison des compositeurs* à la Villette.

La musique serait-elle donc chose régalienne ? Alors même que l'on s'interroge sur le point de savoir si notre Etat doit continuer à être l'un des derniers au monde à produire des voitures, des ordinateurs, de l'assurance ou de l'acier, personne ne s'étonne qu'il produise des concerts ou des spectacles chorégraphiques, des « événements » musicaux ou des disques de rock. Une telle extension ne peut se comprendre que par l'absence de définition claire de ce qu'est le culturel.

Du culturel

Un syllogisme fatal préside au destin de la politique culturelle :
1) tout est culturel dans la vie sociale ;
2) l'Etat est et doit être culturel ;
3) donc, l'Etat a vocation à traiter de toute la vie sociale, conclusion non dite comme telle, mais présente tout au long des années Lang. On vit ainsi successivement le ministère se vanter d'apporter des solutions à la récession économique (Jack Lang en 1983 à la Sorbonne prophétisa que la Culture serait un des piliers de l'économie de demain), au chômage (l'inénarrable de Villiers annonça à son tour qu'en l'an 2000 un quart des emplois en France relèveraient de la « communication culturelle »), aux problèmes des villes, à l'immigration, etc.

L'ennui est que, la majeure et la mineure de ce syllogisme étant également fausses, la conclusion ne saurait être juste.

Examinons la première proposition. Administrer, démocratiser la culture ? Mieux vaudrait savoir de quoi l'on parle. Qu'est-ce qui est *culturel* ? Qu'est-ce que la *culture* ? Car ce n'est pas la même question. On conviendra que ces interrogations devraient soustendre toute politique ministérielle. Mais les politiques les laissèrent pudiquement dans l'ombre, et il fallut pour les déterrer quelques esprits justes, notamment Lionel Trilling, Alain Finkielkraut, Danièle Sallenave et George Steiner.

Les significations les plus diverses courent en effet sous le nom de culture, qui désigne à la fois les loisirs et les œuvres de l'esprit, ce qui est et ce qui vaut, le processus et le résultat, le travail du sens et les mœurs spontanées. Il se charge de malentendus plus graves encore, si on lui accole un adjectif : populaire, dominante, prolétarienne ou bourgeoise naguère, rive-droite ou zoulou aujourd'hui. Car que vise-t-on alors ? le contenu de l'art ? ou bien l'appartenance sociale de celui qui le fait ou le reçoit ? Et ce n'est pas en atomisant la notion (publics-cibles, segments socioculturels), ni en la globalisant (culture mondiale) qu'on supprimera l'abstraction dangereuse du mot culture.

Parmi les sens de ce mot, on doit en distinguer deux. Un sens *esthétique*, qui désigne les activités sensibles et intellectuelles (« L'art est une chose mentale », disait Léonard de Vinci) tournées vers le beau et la vie de l'esprit, la connaissance de ce qui a été dit et pensé de meilleur. Ce sens est en gros synonyme de ce qu'on entendait par les arts. Un sens *anthropologique*, qui nomme un ensemble d'habitudes, de techniques, de savoirs, de croyances, l'interaction de l'homme et de son environnement. Ce qu'autrefois on nommait les mœurs.

Le second sens peut inclure le premier, comme un élément parmi d'autres, mais, entre l'un et l'autre, les ambiguïtés sémantiques finalement arrangent tout le monde. Qu'on le prône ou le récuse, le « tout culturel » n'est *un programme* que si on ignore la distinction entre anthropologie et théorie des arts. Si on parle en fait de mœurs, le « tout culturel » est *une tautologie*: les anthropologues ont montré que rien, même le biologique, n'est purement naturel ; si on traite des arts, c'est *une absurdité*: le premier trait de l'art est d'être une activité séparée et autonome et sa première fonction est de libérer l'individu en le plaçant au-delà de la culture.

Reste la question de la *valeur*. Aucun des deux sens du mot *culture* n'exclut que l'on prononce un jugement hiérarchisant, en jugeant certaines cultures (anthropologiques) préférables à d'autres, par rapport aux idéaux de liberté, de respect du vivant ou de droits de la personne, ou en affirmant la supériorité des formes artistiques développées sur les formes frustes. On peut aussi hiérarchiser les types de liens qu'entretiennent entre elles les deux notions, et dire, par exemple, que telle culture (anthropologique) est, plus ou moins que telle autre, propice à l'éclosion d'une grande culture (artistique). Un débat fut naguère ouvert par Alain Finkielkraut à partir de l'évolution des conceptions de Claude Lévi-Strauss sur la notion de culture. Déplacée du contexte anthropologique (comparaison entre les différentes cultures) au contexte sociologique, cette discussion se retrouve, quoique le plus souvent informulée, à propos de l'art (comparaison entre les pratiques artistiques des divers groupes sociaux).

Dans un cas comme dans l'autre, on peut retracer trois stades de controverse.

– Affirmation de la supériorité d'une culture, celle de l'Occident – ou d'un art, celui des classes dominantes, singulièrement de la bourgeoisie –, censée incarner la norme par rapport à laquelle les autres étaient jugées. La civilisation ou le beau sont présentés comme des notions an-historiques et a-géographiques.

– Mise en question de cette identification entre la culture et la culture occidentale, entre l'art et le goût bourgeois. Sont substituées à cet européo-centrisme, à ce bourgeoiso-centrisme, les notions de différences non évaluables et de faits culturels incommensurables. On relativise le beau, comme les ethnologues nous ont appris à relativiser la culture.

– Retour, sans revenir sur la reconnaissance de l'évidente pluralité des valeurs de civilisation et d'art, à l'idée de quelques normes, ou, pour simplifier, de civilisations qui seraient plus civilisées que d'autres, d'arts plus artistiques que d'autres.

Il est clair qu'il ne s'agit pas d'un retour à des conceptions impérialistes antérieures, pour plusieurs raisons.

1) Une chose est d'affirmer qu'il y a de l'universel, une autre de prétendre être la seule civilisation à le détenir, le seul art à l'incarner, ce que ne font plus les adversaires du relativisme culturel ou de l'éclectisme en art. Il s'agit simplement de considérer que le beau comme le civilisé ne sont pas des notions introuvables, des rationalisations inventées par les dominants pour perpétrer et perpétuer leur domination, mais des catégories centrales et permanentes de la pensée et de la sensibilité. Si elles sont en effet, pour l'essentiel, relatives et prises dans des contextes historiques, géographiques et sociaux, elles sont aussi, pour partie, des notions universelles, des valeurs communes à l'espèce humaine. Autrement dit, les civilisations, les arts ne sont pas totalement incommensurables, *absolument relatifs*, mais seulement relativement relatifs.

2) Personne ne prétend plus qu'existeraient globalement, en tous leurs aspects et *sub specie aeternitatis*, une civilisation ou un art absolus, par rapport auxquels se mesurerait l'infériorité des autres. Il y a dans chaque civilisation, chaque art, comme dans chaque genre d'art et chaque œuvre, des éléments absolus et des éléments relatifs. Mais il y a des civilisations, des arts, des genres, des œuvres au sein desquels les universaux du bien, du juste ou du beau sont peu ou pas représentés.

En esthétique, la valeur n'est pas le goût, l'une est objective et prétend à l'universel, l'autre subjectif et singulier. Il est deux façons de les confondre. La réduction *sociologique* de la première au second, par exemple en niant qu'il y ait des lois générales du beau, que tout est affaire de distinction, c'est-à-dire de classe sociale ; l'abstraction *éthique*, qui voudrait qu'on ne puisse goûter ce qui ne vaut rien. Toutes les femmes ne voudraient pas avoir comme mari un professeur au Collège de France, et Swann tombe amoureux précisément d'Odette de Crécy, qui est tout sauf son genre.

Autrement dit, contrairement à T. W. Adorno, je pense que le jazz est bien, pour l'essentiel, un art, ce que n'est pas, pour l'essentiel, le rock, parce qu'en tant que genre le premier a généralement une *valeur* esthétique que l'autre n'atteint qu'à l'occasion. Mais je ne dirais pas comme Finkielkraut qu'*aucun* rythme de rock ne vaut *n'importe quelle* mélodie de Duke Ellington. Certes, il est absurde de prétendre que Guns n' Roses vaut artistiquement Monk ou Mozart, ce que personne ne fait, sauf certains idéologues au ministère de la Culture. Mais pourquoi justement ces termes de comparaison ? Pourquoi pas d'autres ? Je suis prêt à soutenir que le baroque de Jimi Hendrix est plus beau que celui de Lully, et la douleur glacée de *Heart and Soul* de Joy Division plus vraie que le pathos sucré de certaines pages de Tchaïkovski.

Pour autant, il n'est pas niable qu'existent quelques référents absolus, telles, par exemple, pour les civilisations, les valeurs de liberté, d'égalité entre les sexes, et, s'agissant du beau, les valeurs d'harmonie ou de forme. Finalement, récuser tout référent absolu au nom de la diversité du réel est aussi dangereux pour la pensée que de récuser les diverses formes au nom d'une norme.

La modernité n'est que la moitié de l'art. L'autre moitié est *l'éternel* et l'immuable, écrivait Baudelaire. J'ajouterai que l'art est aussi en partie local et en partie universel, reflet d'un moment social et porteur d'un sens pour l'ensemble du genre humain. Est document ou pratique expressive ce qui demeure enfermé en son temps et son lieu, est œuvre ou art ce qui s'évade vers le durable et l'universel.

De la critique

On peut enfin décrire les liens entre culture anthropologique et culture artistique en termes de continuité, la première permettant la seconde, ou bien d'opposition, la seconde étant en rupture par rapport à la première. L'art est une critique de la culture, au sens où il la met en crise. S'il n'est possible à personne d'échapper complètement à sa culture sociale et anthropologique (« Les limites de mon langage sont les limites de mon monde », disait Wittgenstein), il est possible, par l'art et la vie de l'esprit, d'échapper en partie aux déterminations des mœurs. Il y eut naguère, c'était dans l'été 1983, un ridicule débat parisien : en la personne d'un écrivain « porte-parole du gouvernement », espèce particulière à la France, le prince reprocha à l'artiste son mutisme. On parla du « silence des intellectuels », sans déceler que ce n'était peut-être qu'une interrogation, et non leur absence de réponse à une question qu'ils ne se posent pas sans déchoir : comment aider le prince à avoir des « idées » ?

On ne peut que déplorer que tant de critiques professionnels n'aient plus de critique que le nom, et soient si inféodés à l'appareil du cabinet du ministre et à celui des grandes institutions artistiques qu'ils bornent sagement leur rôle au fléchage du public sur le marché des produits de l'esprit. Jamais le destin des œuvres n'a autant dépendu du verdict d'un milieu très étroit, très fragile, largement réglé par la pratique des renvois d'ascenseur, et parfois par la vénalité pure et simple. L'une des plus pernicieuses réussites de l'appareil culturel d'Etat est d'avoir aboli la séparation des profils de compétence : le journaliste devient directeur au ministère, membre du cabinet ou président d'un établissement public culturel, le conseiller du ministre est promu à la tête de telle ou telle institution, fonction à laquelle rien ne le qualifie. Ainsi, peu à peu, se mit en place un réseau verrouillé de connivences peu propice au maintien du libre examen sans lequel il n'est pas de vie culturelle démocratique.

L'expression « critique de la culture » est donc une assonance ou une tautologie. La culture comporte sa propre critique, sa propre crise. Culture et critique ne se séparent que lorsque la première s'abaisse en des manifestations officielles ou que la seconde se renie en des plaidoyers tarifés. C'est bien l'un des malaises les plus persistants que ce contresens. Alors que *culture* signifie détour, rupture, examen, problème, on lui fait désigner le direct, la continuité, l'assentiment, le bonheur.

Du politique

L'expression « politique culturelle » sonne mal. Non parce qu'elle joint des mots de racines grecque et latine, mais parce que les notions qu'elle assemble sont contradictoires. Il n'y a de politique que collective, et de création qu'individuelle. Il n'y a d'art que libre, et d'intervention de l'Etat qu'accompagnée de finalités, de jugement et d'évaluation. Il n'y a de culture qu'indépendante, et de pouvoir qu'organisateur d'une nation structurée, ordonnée, concertée. C'est en quoi est réfutable la deuxième proposition de mon syllogisme, selon laquelle l'Etat est et doit être culturel.

S'agissant de la culture au sens des mœurs sociales, on assiste à un renversement curieux. La culture, dont les anthropologues nous ont appris autrefois qu'elle se constituait dans l'opposition à *l'état de nature*, est présentée aujourd'hui comme l'expression innée de ce dernier. Bien plus, il entrerait dans *la nature de l'Etat* de s'en charger. On parle ainsi par exemple de culture des banlieues, de culture des harkis, sans s'attarder d'ailleurs à la contradiction interne entre une conception de la culture comme innée et la nécessité, pour qu'elle s'épanouisse, de l'organiser d'en haut et d'en dehors.

Mais si la culture dont traite le ministère du même nom est bien

71

cette notion très large, ainsi définie par Wittgenstein : « une grande organisation qui indique la place de chacun de ses membres, où il puisse travailler dans l'esprit du tout », faut-il vraiment *un ministère* qui se charge de cette cohérence ?

Pourquoi l'Etat serait-il responsable de l'identité globale d'une société ? Tout dépend du sens du mot *responsable*. S'il s'agit de *répondre à*, en effet, l'Etat doit apporter des réponses inspirées de l'intérêt général aux demandes sociales, qui aujourd'hui vont parfois jusqu'à être la demande qu'il n'y ait plus de social, plus d'intérêt général. Sans Etat, pas de société, telle est en effet la situation présente des sociétés occidentales développées. Mais ceci ne signifie pas que l'Etat doive *répondre de* la société, modeler le social ; simplement qu'il l'empêche d'éclater ou de se dissoudre. D'ailleurs, la fonction de cohésion sociale n'appartient qu'à l'Etat tout entier. S'il existe un département ministériel dit « de la Culture », c'est bien, quoi qu'on en dise, pour gérer les problèmes de l'art et des artistes, accessoirement de leur public, donc la culture au sens esthétique.

Mais voilà : un ministère des Arts, cela sonne fâcheusement totalitaire, et, comme souvent quand on ne sait pas régler un problème, on en change les termes.

Des décrets

Pour ne pas demeurer plus longtemps dans cette nuit où toutes les vaches sont grises, il faut encore préciser le sens des mots, mais cette fois en partant des significations que leur prêtent ceux qui s'en servent. Qu'est-ce donc que la Culture pour ceux qui en ont la charge ? Quelles furent les constantes qui accompagnèrent la politique culturelle, les ambitions qui l'inspirèrent et les préjugés implicites ou explicites qui l'animèrent ?

Sans doute les décrets ne sont-ils pas la réalité. Mais ceux qui organisèrent en 1959, puis en 1982, les attributions du ministère de la Culture ont au moins valeur de symptôme idéologique. Malraux donna au ministère mission de « rendre accessibles les œuvres capitales de l'humanité, et d'abord de la France, au plus grand nombre possible de Français, d'assurer la plus vaste audience au patrimoine culturel et de favoriser la création des œuvres d'art et de l'esprit qui l'enrichissent » (décret du 3 février 1959).

Vingt-trois ans après, Jack Lang assigna à son ministère l'objectif de « permettre à tous les Français de cultiver leur capacité d'inventer et de créer, d'exprimer librement leurs talents et de recevoir la formation artistique de leur choix ; de préserver le patrimoine culturel national, régional ou des divers groupes sociaux pour le profit commun de la collectivité tout entière ; de favoriser la création des œuvres de l'art et de l'esprit et de leur donner une plus vaste audience ; de contribuer au rayonnement de la culture et de l'art français dans le libre dialogue des cultures du monde » (décret du 10 mai 1982).

Passons sur les différences mineures entre les deux textes : ce « d'abord la France », supprimé dans l'euphorie tiers-mondiste de Cancun. Oublions charitablement le volontarisme élargissant la cible du « plus grand nombre » à « tous » les Français, démenti par des lendemains qui ne chantèrent pas, quand, après dix ans, une étude du ministère de la Culture lui-même montra que les « pratiques culturelles » stagnaient, à l'exception de la télévision et de l'écoute de radios qu'on n'ose plus dire « libres ».

Venons-en aux différences majeures. S'il y eut continuité d'inspiration de Malraux à Lang, ce fut sur un seul point : la volonté d'arracher la culture à l'éducation, et pas seulement en détachant un ministère de celui dont il était issu. Pour le reste, selon Malraux, culture veut dire art, et, à la première rupture entre le culturel et l'éducatif, Lang en ajouta une seconde, entre l'art et la culture. En pratique, on trouverait difficilement plus opposés. Le premier avait la vision romantique d'un musée imaginaire dont l'Etat serait le conservateur, et allait jusqu'à inscrire dans un décret sa volonté d'« accomplir le rêve de la France, rendre la vie à son génie passé, donner la vie à son génie présent et accueillir le génie du monde » (décret du 24 juillet 1959). Le second se donna la visée moderniste d'un bazar d'images, où le mot « génie » s'appliquera indifféremment et indécemment à un cheval de course, comme Musil s'en étonnait déjà dans *L'Homme sans qualités*.

Une seconde différence entre les deux textes fut d'inverser la préoccupation. En 1959, on entend élargir « la demande », en 1982, accroître « l'offre ». On caricaturerait à peine en disant que, pour Malraux, l'Etat devait transformer en fait le droit d'accéder aux œuvres d'art, et, pour Lang, qu'il devait assurer à tous ceux qui le désirent le droit d'être artistes : droit à la création contre droit à la culture. Mais, dans l'un et l'autre cas, on ne pensa pas que cette offre et cette demande subventionnées formaient une singularité unique dans un pays libéral.

Dans le détail, on remarquera que l'ordre des missions fixé en 1982 : d'abord l'expression libre, la créativité immédiate, puis la formation, témoigne d'une idéologie très précise, supposant que la seconde n'est pas nécessairement la condition de la première. Il semble y avoir là une idée d'égalité devant la création. Cependant, si pénétré qu'on soit de l'égalité des droits, force est de constater qu'il n'est pas de domaine plus impitoyablement aristocratique que celui de la création. Au surplus, si l'on peut débattre du contenu concret d'un « droit à la culture » qui serait aussi un droit à la mémoire et à la tradition, aussi noblement proclamé que vague juridiquement et bafoué pratiquement, il serait absurde de parler d'un « droit à la création », encore moins, comme je l'entendis trop souvent, d'un droit à la création subventionnée. Pour la bonne raison que ce droit n'existe que dans les proclamations démagogiques, et que la création n'est pas un droit, mais un luxe, ou une maladie, comme on voudra.

Par ailleurs, on notera que le décret, en juxtaposant le patrimoine national et celui des régions ou des divers groupes sociaux, semble impliquer une idée de la nation selon laquelle le « national » serait autre chose que l'unité d'un vouloir-vivre ensemble au sein d'une communauté affranchie de la multiplicité des appartenances régionales ou de classe, idée qui, pour reprendre la distinction éclairante rappelée par Régis Debray, relève plus d'une conception « démocratique » que d'une tradition « républicaine ».

Il n'y a certes pas à choisir entre démocratie et république, mais entre la démocratie des républicains et celle des démocrates, qui poussée à l'extrême n'est rien d'autre que ce que Tocqueville appelait le « despotisme démocratique ». D'ailleurs, tout au long du texte, l'insistance à répéter l'adjectif *libre* et l'adverbe *librement* est l'aveu que n'allait pas de soi une intervention de l'Etat aussi « absolue, détaillée et régulière, prévoyante et douce », pour reprendre les mots de Tocqueville.

Quoi qu'il en soit, ce décret, très inspiré de la vision spontanéiste d'une création artistique immédiatement accessible à chacun et immédiatement recevable par tous, énonce de façon désordonnée tous les domaines où s'exerça pendant trente ans l'action du ministère : formation, patrimoine, création, diffusion, prestige international.

Hormis ces textes réglementaires, point de doctrine. Le ministère de la Culture théorise peu son action, préférant parler par slogans ou conférences de presse. Ce qui d'ailleurs ne facilite pas la critique : on ne réfute pas les idées de qui ne pense pas.

Avant de décrire l'idéologie affichée par le ministère, je noterai cependant que cadrent mal avec le décret de 1982 les idées les plus visibles, pour ne pas dire voyantes, qui motivèrent l'action de celui qui le signa, Jack Lang. Il y a, il est vrai, toujours quelque distance des principes à la pratique. Les idées comptent plus que les textes. Et certes, depuis douze ans, le ministère de la Culture en a eu, des « idées ». « Allons-idées », tel fut le mot de passe du « languisme » et le lieu de ralliement de ses partisans sous la « cohabitation ». Il serait cruellement injuste de se moquer, comme Jouvet de Suzy Delair dans un vieux film : « Y a de l'idée, là-dedans, pas ? questionnait-elle. – Oui, des idées d'imbécile, mais des idées quand même. » Des idées, il y en eut, et toutes ne furent pas sottes. Mais des pensées, des réflexions, des conceptions ? Le ministère de la Culture est-il un lieu où souffle l'esprit ? Peut-il l'être ? N'est-il pas voué à demeurer un couloir où bruit l'haleine vague d'une popularité trompeuse ?

C'est hélas à ce dernier constat qu'arrive le spectateur de la comédie de la Culture, après avoir vu se succéder les tableaux mis en scène par le ministère depuis 1981 : l'ouverture, la fête, la modernité, le progrès, les musées, les Grands Travaux, la communication. Représentation verbeuse ou parlante, remuante ou pompeuse, plaisante ou gâtée, chacun jugera selon son goût si la pièce fut un succès ou un four.

De l'ouverture

Faut-il qu'une culture soit « ouverte » ou « fermée » ? Ce thème de l'ouverture de la culture, opposée à la fermeture de l'art, désigne généralement cette variante de l'élitisme qu'est la démagogie.

Le verbiage est intarissable : « sans frontières », « sans rivages », notion que le parti stalinien défendit naguère, « sans limites », l'essentiel, pour la culture, est d'être « toute ». On ne s'attardera pas sur le non-sens (du type « cercle carré ») de l'expression « culture ouverte », qu'elle désigne la notion anthropologique du terme (il suffit pour s'en convaincre de lire trois pages de Lévi-Strauss) ou bien la notion intellectuelle (il n'est pas d'œuvre en art ou en philosophie qui ne comporte une fermeture comme condition de sa possibilité. L'art est une accumulation de temps dans un objet matériel formé, c'est-à-dire fermé).

Le point de vue n'est pas théorique, mais idéologique. Simple, il a de quoi séduire le démocratisme libertaire des jeunes générations : de même que « tous les goûts sont dans la nature », toutes les expressions sont dans la culture. Si j'ai bien compris, l'ouverture est à la fois esthétique et sociale. Les démagogues cyniques ont toujours honte d'avoir un accès réservé à la « culture dominante », et ont renoncé à élargir cet accès aux dominés, qui préfèrent leurs loisirs et divertissements ? Qu'à cela ne tienne : il suffit de nommer culture ces activités. Les jeunes des banlieues ne vont pas au musée ? Ils ont raison. Qu'entrent plutôt au musée les barbouillages qui dégradent leurs cités, admirables vus de loin et qui n'alarment les nantis que lorsqu'ils s'étendent aux beaux quartiers et ornent leurs propres murs. N'allons pas ruiner la créativité native des dominés avec notre culture de bourgeois qui sent un peu le vieux. On baptisera tout cela « révolution tag », ou « culture jeune ».

Rap, tag, clip, des mots courts, des onomatopées. On se croit dans le monde sans langage des graffitis urbains, ou des *comics*. De l'art, cette violence inarticulée, ces choses vites dites, vite oubliées, parce qu'elles n'ont pas *pris leur temps* pour venir à nous, ou nous à elles ?

76

Non. Des expressions. Par une sorte de jeu sur les mots que je ne crois ni involontaire ni innocent, on part de l'évidence qu'il y a place pour toutes les formes d'expression culturelles (au sens anthropologique), et on aboutit à l'idée fausse qu'elles sont toutes culturelles (au sens des œuvres de l'art et de l'esprit). On assiste à un saut épistémologique où la simple logique se casse le nez : ceci existe en tant que mode d'expression, donc c'est de l'art.

Il en alla ainsi exemplairement dans le domaine de la musique où le maintien de privilèges culturels fut en fait masqué par l'extension, y compris dans les enquêtes statistiques, du *champ* de la culture à de nouvelles pratiques sociales qui, elles, étaient le fait de couches populaires. Le mot d'ordre implicite fut « rap et Boulez, même combat ». Cela fait une affiche. Mais cela ne fait pas une politique. Ni en termes financiers ni en termes artistiques.

En termes financiers, parce que les aides sont très déséquilibrées entre les volets de ce diptyque : 40 millions de francs de subventions annuelles pour le second, contre quelques centaines de milliers de francs pour le premier, alors que les publics concernés sont très déséquilibrés, mais dans l'autre sens (quelques centaines de personnes d'un côté, quelques centaines de milliers de l'autre). En fait, l'Etat, par sa subvention, légitime également les deux types de musique. Or, il faudrait justement distinguer le financier de l'artistique et faire en sorte que la subvention ne soit plus un brevet artistique gouvernemental. Car, soit on juge la pertinence sociale, et il faut aider davantage le rap, soit on juge la valeur esthétique, et il faut soutenir la musique sérielle ou sérieuse. Traiter l'aspect social d'une *activité* impliquerait que la subvention soit effectivement liée à un besoin social. Il n'est pas aberrant que des pratiques d'expression et de divertissement existantes, possédant une légitimité sociale égale à celle de n'importe quelle pratique artistique, puissent en tant que telles être encouragées par l'Etat. Aider les jeunes des banlieues à entretenir une socialité, à partir de la musique principalement, pourquoi pas ? Pourquoi faut-il pour cela tout confondre et parler d'art ? D'autre part, sur le plan *artistique*, ce n'est pas à l'Etat de dire de telle ou telle musique contemporaine (et le rap ne l'est pas moins que le sérialisme) que c'est ou non de l'art, ou que celle-ci est plus artistique que celle-là. Ce n'est pas à lui, mais à la société, d'en décider. S'il s'abstenait de subventionner l'une et l'autre, et l'une comme alibi de l'autre, il ne serait pas dans l'intenable situation de légitimer les valeurs de création.

Le ministère dit aider le rap, plus qu'il ne l'aide réellement, et le fait pour des motifs idéologiques, plus qu'artistiques. Cet exemple le montre, l'Etat a deux manières d'interférer indûment dans la création : d'une part encourager, par une offre artistique dont il assure le monopole, une forme de musique ne faisant l'objet d'aucune demande sociale réelle ; d'autre part accueillir une demande sociale existant bel et bien en mettant en place une offre correspondante qu'il est forcé de déclarer artistique.

Le « tout culturel », qui a pris la forme du « tout musical », a suscité dans ce domaine les mêmes ambiguïtés que l'ensemble de l'action du ministère de la Culture, aggravées par le fait que la musique est la « pratique culturelle » la plus répandue parmi les jeunes, et est particulièrement propice à toutes les démagogies, comme celle qui consiste à baptiser « chaîne musicale » un robinet à *clips* entièrement dans la main des industries discographiques et des multinationales de la communication.

Ainsi donc, le rap est, paraît-il, de l'art. Soit, si vous le dites. Il est loisible à chacun de préférer les éructations sexistes et antisémites de Public Enemy à un quatuor de Haydn. Après tout, Emma Bovary entendait bien comme une musique délicate le juron échappé à Rodolphe réparant à coups de canif une bride rompue. Mais il n'est pas ici question de préférences, seulement de choix politiques. Le ministre de la Culture patronne sous les ors de la République un groupe de rappeurs répondant au doux nom de Nique ta mère, soit encore. Mais la façon dont on les traite ne rappelle-t-elle pas un paternalisme qui enferme l'autre dans son exclusion ? « C'est vous, le nègre ? Eh bien, continuez », tel est le propos qu'on prête au maréchal de Mac-Mahon, qui n'était pas exactement un progressiste. Ces jeunes, exclus de tout, de la cité et de la civilité, du travail et du loisir, de la consommation et de la production, ne souffrent-ils pas avant tout, sans pouvoir le dire, ou même le penser, d'être exclus du savoir, clef de toutes les autres exclusions ? N'éprouvent-ils pas une révolte sourde contre ceux qui se servent d'eux et les flattent, comme on le fait d'un chien, pour qu'il ne morde pas ? N'est-ce pas un double mépris : pour la culture, rabaissée à la vulgarité et à la laideur, pour ces jeunes, à qui l'on fait croire que ce qu'ils font est de l'art ? Les jeunes des banlieues, dont ils sont censés représenter l'avant-garde culturelle *hip-hop*, ne demandent pas cela. Ils pourraient sans doute écouter une autre musique, s'il y avait une autre école.

Il y a un siècle, la République a entrepris de donner aux enfants des exclus d'alors, les paysans, les outils de base d'accès à la culture : lire, écrire, compter, la carte de France et l'histoire de ce pays. Elle n'a pas mis son drapeau dans sa poche et n'a pas dit que la course au cochon dans les cours de fermes était de l'art, au même titre que les poèmes de Victor Hugo. Elle a dit : il y a une grande culture, et vous y avez droit, à travers l'Ecole. Savoir si elle y parvint est un autre débat. Mais pourquoi ne tentons-nous même pas de donner aux exclus d'aujourd'hui, aux jeunes des banlieues, accès aux œuvres de l'esprit ?

Le combat pour légitimer au nom de l'art tous les genres de musique est un faux combat et un alibi. Il risque d'aboutir à un enfermement confirmant les analyses de Finkielkraut sur le renoncement du « culturel » à l'universalisme de la civilisation. A l'égalité des gens devant la culture, le ministère du même nom substitua l'égalité des genres de culture, et nomma cet éclectisme ouverture. Une tout autre politique consisterait à réduire les inégalités d'accès à la vraie culture, et notamment celle qui demande le plus d'efforts, celle qui n'est pas portée, mais combattue par les forces spontanées du marché, celle qui nécessite apprentissage et médiations.

Ce que Tocqueville nomma « l'égalisation des conditions », où il voyait l'essence de la démocratie, a fait place à l'inégalisation accrue des conditions économiques et sociales, s'accompagnant d'une égalisation proclamée des conditions culturelles. Cette dernière est-elle réelle ? Sans doute, s'agissant des mœurs, il y a, dans le mode d'être (vêtement, musique, langage) et surtout chez les jeunes, moins de différences qu'autrefois entre un fils de bourgeois et un fils d'ouvrier. Mais, s'agissant de la culture intellectuelle, les inégalités demeurent, voire se creusent en de véritables cassures : 3 millions de

Français souffrent d'illettrisme. Dans ces conditions, l'accès à la culture suivra-t-il le même chemin que l'accès au savoir : une égalité devant l'ignorance, un clivage entre des élites qui entre soi restent cultivées et des exclus qui n'ont même plus idée de ce dont ils sont exclus, et par conséquent n'ont plus envie d'y accéder ?

Dans les discours tenus sur l'éducation, l'art et la culture, on entendit des aberrations savoureuses. Elles avaient en commun de décrier le savoir. Soit qu'on le jugeât inutile, soit qu'on le tînt pour le commencement du mal. Savoir sans avoir su qu'on ne savait pas, et sans avoir appris ce qu'on ne savait pas, est pourtant une impossibilité logique qui eût dû épargner bien des libelles.

De même, on accède à la culture, au sens des œuvres de l'esprit et de l'art, par des chemins certes variés, escarpés ou plaisants, mais jamais de plain-pied. On ne saurait aimer sans avoir goûté, et appris à le faire. Ce qui, en effet, ne s'apprend pas, c'est la culture au second sens du terme, celle qu'on reçoit en naissant dans sa communauté, sa classe, sa famille. On en hérite, et elle n'est qu'observance et ordonnance. Wittgenstein, qui passa, juste après l'achèvement de son *Tractatus logico-philosophicus*, cinq années à enseigner à des enfants d'un village de Basse-Autriche les rudiments du calcul, écrit fort justement de cette culture-là : « La tradition n'est rien que l'on puisse apprendre, ce n'est pas un fil que l'on puisse ressaisir quand bon nous semble. Tout aussi peu qu'il nous est possible de choisir nos propres ancêtres. »

Mais enseigner l'amour de l'art était exclu. C'eût été vouloir étendre l'emprise de la classe dominante. Le savoir était mauvais, disaient nos clercs, comme autrefois les pères de l'Eglise. Dûment chapitrés, les instituteurs finirent par se convaincre que distinction et reproduction étaient les deux péchés mortels de la culture bourgeoise, et que la volonté de savoir n'était que le plus pernicieux des renfermements. Ils en conclurent que la connaissance était la faute originelle, comme il est dit dans l'Ancien Testament, et, se reprochant ce que leurs directeurs leur reprochaient de ne pas se reprocher, se mirent à haïr ce qu'ils étaient censés transmettre.

La plus grave erreur des gouvernants et plus encore des penseurs qui leur servirent de caution intellectuelle (Bourdieu et Sartre surtout, Lacan par son cynisme, Barthes et Foucault par certaines formulations hasardeuses) est d'avoir fait en sorte que le savoir, la culture, les œuvres de l'esprit, l'art enfin, ne soient plus considérés comme des moyens d'émancipation individuelle et collective, mais combattus comme illégitime « distinction », « domination de classe », « rection » ou « enfermement ». Tous ces intellectuels eurent en commun de mettre gravement en cause le rôle central de l'éducation et de l'enseignement dans la culture, quelle que soit l'extension donnée à ce mot. Méprisée par ceux-là mêmes qui en avaient la charge – trois professeurs au Collège de France, la plus haute institution académique, parmi ceux que j'ai cités –, la connaissance, sous tous ses aspects, ne fut plus désirable, mais devint indifférente ou méprisable aux yeux de ceux qui en étaient exclus et l'attendaient des institutions de formation.

On l'aura compris, contrairement à Bourdieu, je ne pense pas que la définition de l'art soit « un enjeu de lutte entre les classes ». Ni, contrairement à Barthes, qui l'affirma du haut de sa chaire du Collège, dans sa leçon inaugurale le 7 janvier 1977, que la langue soit « fasciste ». Ni, contrairement à Lacan, qu'il y ait lieu de se gausser du « discours universitaire », alors qu'en même temps il ne détestait pas qu'on l'appelât « Professeur », bien qu'il n'en eût pas le titre. Ni enfin, contrairement à Foucault, qu'on puisse classer parmi les appareils du grand renfermement, aux côtés de l'hôpital psychiatrique, de la caserne et de la prison, l'école.

A la racine des pires confusions de l'idéologie culturelle, on trouve toujours un jeu sur les mots, quand ce n'est pas un jeu de mots, permettant de dire une chose fausse sous l'apparence d'une vraie. Quand Barthes dit : « Le langage est une législation, la langue en est le code », il joue sur le sens linguistique de ce dernier mot, mais aussi sur son sens juridique et évoque des connotations d'asservissement, voire de *Code* pénal.

Quand Bourdieu emploie le mot *distinction* pour nommer la coupure esthétique, qui en effet distingue la forme de l'informe, le durable du jetable, le sens du non-sens, il lui fait dire autre chose : ce qui différencie, distancie entre un goût et un autre. Un second jeu de mots s'ajoute à ce premier : ce qui *classe* dans les catégories du beau ne serait rien d'autre que ce qui « fait classe », comme on dit d'un vêtement ou d'une voiture. Enfin, lorsque ce sociologue parle d'*arbitraire* culturel, il mêle un jugement de réalité (il n'existe pas d'objet, de loi ou de norme artistique en soi) avec un jugement de valeur (la beauté n'a rien à voir avec l'œuvre, et le goût est imposé par la classe dominante). Arbitraire signifie, dans le premier cas, *conventionnel*, comme pour l'arbitraire du signe linguistique, et, dans le second, *abusif*, comme dans « arrestation arbitraire ». Que le goût distingue, classe et arbitre, c'est vrai sociologiquement, mais il y a abus de mots lorsqu'on affirme qu'il n'est que cela, qu'il ne distingue, ne classe ni n'arbitre entre des valeurs strictement artistiques.

Quand enfin Foucault mêle et confond, sous l'expression de *«propriété du discours»* réservée en fait (parfois même sur le mode réglementaire) à un groupe déterminé d'individus », un trait *logique* (« l'accès licite et immédiat au corpus des énoncés déjà formulés ») et un trait *sociologique* (la « capacité à investir ce discours dans des décisions, des institutions ou des pratiques »), il joue également sur toutes les connotations négatives du discours de la *propriété*. Quand il emploie le même mot *sujet* pour désigner le citoyen qui vote et l'individu qui s'engage dans une relation sexuelle, il laisse confondre dans un même opprobre le *savoir* que les appareils de domination veulent indûment s'approprier sur le sujet sexuel et le savoir intellectuel que l'Etat républicain a pour mission de transmettre et de développer pour former des sujets politiques. Autre jeu de mots : Foucault ne semble avoir laissé dans l'idéologie de la gauche culturelle que sa critique de l'instituteur qui sommeille dans toute *institution*. Mais qu'on *lise* Foucault, au lieu de le cultiver : le pire instituteur est celui qui se charge de vos plaisirs, non de votre savoir. Qu'on ne mêle pas Sade et Jules Ferry.

On le voit à ce dernier exemple, si ces penseurs ont pu être enrégimentés au service de la contestation du savoir et de l'assimilation de la raison à la domination, c'est en partie abusivement et par déformation de leur pensée en une vulgate. Mais toute œuvre a la réception qu'elle autorise, et une pensée équivoque, cultivant non seulement le double sens mais le double jeu, ne peut qualifier de contre-sens les interprétations qui en sont données.

Le ministère de la Culture apporta sa pierre à cette délégitimation du savoir et de l'effort qu'implique son accès. Dès lors, la culture cessa d'être cultivée, pour n'être que l'expression d'un « naturel », d'ailleurs introuvable, puisque la déculturation dont souffrent les jeunes des banlieues n'est en rien « naturelle », mais résulte de facteurs culturels (au sens anthropologique), tels que l'apprentissage de la langue, l'habitat, les transports, etc.

En outre, si les modes d'expression culturelle spontanée de la jeunesse urbaine étaient immédiatement des pratiques artistiques, pourquoi faudrait-il précisément le dire à coups de subventions ? A moins d'être adepte de la bonne vieille théorie marxiste de l'art comme reflet des conditions sociales objectives, et de penser que l'Etat se doit de refléter ce reflet par des incitations appropriées.

De fait, afficher certaines pratiques, le rock ou les musiques traditionnelles, comme représentatives d'un milieu ou d'une couche dans son ensemble, en l'occurrence les jeunes ou les immigrés, conduit à une définition réductrice des besoins et des désirs de ces catégories sociales. Peut-on considérer qu'une politique musicale envers les jeunes se réduit au soutien à la pratique et à la diffusion du rock ? D'une part, le rock n'est pas la seule pratique musicale des jeunes, et il n'est même qu'une pratique éphémère ; d'autre part, même ceux qui sont engagés dans cette pratique ont pour souci d'avoir accès à des outils musicaux plus riches et complexes. Les aides en faveur du rock correspondent à une vision médiatique ou commerciale de l'action ministérielle. Car cette promotion fut plus affichée que réelle (le rap, le rock et la chanson ne représentant au total que 35 millions de francs dans les 1 700 millions de francs dépensés pour la musique), et l'offre dans ce secteur (comme la demande, d'ailleurs, qui, loin d'avoir été « impulsée » par le ministère, répond à un mouvement mondial adroitement accompagné) n'ayant nul besoin d'un soutien étatique.

En revanche, le ministre, lui, avait besoin de ce soutien qu'il prétendait apporter aux musiques « jeunes ». Finalement, on devrait se poser, à propos de ces défavorisés, les mêmes questions que pour les favoris de la Culture ministérielle. Qui sert qui ? Qui se sert de qui, lorsque le ministre convoque sous les projecteurs un rappeur ou un compositeur ? N'est-ce pas le même déni de l'autre ?

L'Etat n'est plus l'Etat, s'il n'a pas le courage de dire : l'art seul entre dans les attributions du ministère de la Culture, telle pratique d'expression sociale ne relève pas de l'art. Aux Etats-Unis, quand certains vont entendre des quatuors à cordes, tandis que la majorité va se divertir à Orlando-Disneyland, il ne viendrait à l'idée de personne, et en tout cas pas à l'Etat, de dire que les seconds ont accès à un art, à une « pratique artistique ». Le spectacle a ses lois, qui ne sont nullement méprisables. Je ne conçois pas qu'on puisse parler en France de « Tchernobyl culturel » à propos de l'ouverture d'Euro-Disneyland. C'est un divertissement qui ne détruit en rien la culture, parce qu'il ne la concurrence pas. Nul ne se demande s'il va aller voir Mickey ou rester chez lui à lire la *Critique de la raison pure*. Mais l'art aussi a ses lois, qui sont autres. Voltaire écrivait en 1770 à Mme Necker : « C'est ainsi, madame, vous le savez, que tout spectacle amuse les hommes, on va également aux marionnettes, au feu de la Saint-Jean, à l'Opéra-Comique, à la grand-messe, à un enterrement. » Ceci ne veut pas dire qu'un spectacle vaut une méditation sur une œuvre d'art, mais que, si tout art peut s'avilir en spectacle de foire, jamais un spectacle de foire n'atteindra à la dimension irréductible de l'œuvre.

La politique culturelle n'est pas seulement une politique du spectacle, elle est le spectacle d'une politique. *Show*, plus que spectacle, d'ailleurs, faible, incohérent, tenant plus de la télévision que de la scène. Le ministère, cherchant le taux d'écoute maximal, est indifférent aux programmes des chaînes. Un coup de télécommande budgétaire sur le canal Grand Art, trente secondes sur le canal Chanson française, dix pour la restauration de la lecture publique, vingt minutes d'opéra populaire, douze heures de chaîne rap. Mais, dès lors qu'il considère que la culture n'a pas besoin d'apprentissage, de médiations, de temps, qu'il ne voit pas qu'elle suppose un arrachement aux habitudes et au spontané, l'Etat cesse d'être l'Etat. Oui à l'Etat-autorité, qui n'est pas l'Etat autoritaire. Non à l'Etat-pote. Non à l'Etat-zappeur.

Après avoir vu des universitaires appelant à détruire l'Université, la France pourra peut-être s'enorgueillir bientôt d'une élite cultivée prônant l'inculture de masse. Dans les deux cas, l'essentiel était de rester entre soi. L'élitisme n'est pas toujours où on le dit.

Des fêtes

Lorsque fut lancée en 1991 une campagne d'affiches pour célébrer le dixième anniversaire de l'arrivée des socialistes au pouvoir, la Culture fut mise en avant, puisque, sur les quatre affiches alors placardées, une lui était consacrée. Par une audacieuse métonymie, la Culture représentait la gauche. Mais par une synecdoque encore plus admirable, c'est la « fête » qui représentait la Culture : l'image montrait la Fête de la musique.

Ce second poncif, s'il est de moindre conséquence que celui de l'« ouverture », est présent dans la politique culturelle menée durant douze ans par la gauche comme par la droite. Jack Lang l'a rendu immortel par son idée d'un « ministère du bonheur ». A sa suite, le ministère de la Culture considéra que l'art était une fête et non un patient travail, qu'il s'agît de faire une œuvre ou d'en jouir.

Le slogan, répété d'année en année, « Faites de la musique » est devenu à la fois un mensonge, un aveu et un abus.

Mensonge, l'image d'une fête démocratique où chacun a son mot à dire, son air à faire entendre, alors que de plus en plus la puissance des décibels fait face à la passivité de grands rassemblements. La fête tendit peu à peu à tuer la musique, et cet événement qui avait dans les premiers temps un aspect de joie simple et de proximité qui déridait les plus fâcheux s'est chargé de toutes les dérives de la sur-accumulation-dévalorisation, décrites par Marx, qu'on a bien tort de ne plus lire, même à gauche. Accumulation de moyens : podiums géants, chaînes nationales, sponsors, murs de sonorisation, ce sont les formes de musique les moins musicales qui dominent, les plus proches de l'extase hypnotique et les plus éloignées de la contemplation active. Accumulation des foules en deux ou trois endroits de Paris, tandis que se dévalorisèrent complètement dans les quartiers le goût de la rencontre, le petit ensemble, la musique au singulier.

Aveu, la reconnaissance que – les Français ne faisant pas assez de musique entre eux et pour eux – il est nécessaire que l'Etat s'en mêle. Parlez à un Hollandais, un Allemand ou un Anglais de la Fête de la musique, il répondra : chez nous, c'est tous les jours que l'on fait de la musique, simplement, entre nous. Pas besoin pour cela d'aide de l'Etat ni de battage médiatique. Paradoxalement, les fêtes culturelles pourraient bien témoigner de la misère quotidienne de la culture en France.

Abus enfin, cet impératif *cool* d'un Etat *big pote* suggérant une emprise que le sujet serait en droit d'ignorer : pourquoi dois-je faire de la musique ? pourquoi ce jour-là ? pourquoi dans la rue, tous ensemble ?

Depuis celle de la musique, la *fête* s'est généralisée. On multiplia les jours culturés et pas encore chômés : Fêtes du cinéma, du livre, des arts plastiques, des musées, bientôt du théâtre. Tout cela est bel et bon, mais les autres jours ? Comme disaient les féministes de la Fête des mères : 1 jour à la fête, 364 pour l'oubli. Le ministère paya fort cher des publicitaires pour donner des noms fort laids à ces réjouissances. «*Ruée* vers l'Art », «*Fureur* de lire », pourquoi d'ailleurs ces mots évoquant plus la violence urbaine que les puits de temps qu'offre la musique, les havres de paix et de retirement que sont les musées, les îles de silence qu'ouvrent les livres ? Pourquoi ces mots d'ordre qui veulent tous que l'on aille vite, en masse ou en bande, vers un acte qui ne se pourrait consommer qu'en collectif, comme les transports du même nom ? Cherche-t-on la fuite ? Veut-on « s'éclater » ? Je croyais que l'art permettait à chacun de se rassembler et de se reconnaître. Fureur, vraiment ? Etrange mot, pour dire le rapport privé – secret même : « un vice impuni », selon Larbaud – qui unit un livre à son lecteur.

Je sais que les mots *mania* ou *furor* désignèrent jadis une possession divine, un foudroiement poétique, mais ce n'est sûrement pas ce sens qui inspira les technocrates inventeurs de la « Fureur de lire » et les « créatifs » de « concepts » publicitaires qui ensemble conçurent l'opération « La France c'est tout un poème », en juin 1992.

La poésie est en crise. On en publie moins, elle n'est plus lue que par des poètes qui s'entre-lisent comme s'entre-dévorent certains insectes ? L'Etat crée une « Fête de la poésie ». On ne veut pas voir les causes. Elles invalideraient trop les remèdes. Dans une société où se rétrécit la place de la mémoire et où les modes de transmission sont de moins en moins contraignants, l'apprentissage par cœur, qui est la clef du désir de poésie, a presque disparu dans les écoles. Un adulte cultivé est aujourd'hui presque incapable de réciter plus que quelques vers, quand il savait encore des poèmes entiers il y a trente ans. Si l'on voulait vraiment faire quelque chose pour la poésie, il faudrait plutôt réapprendre aux maîtres le sens et le goût du par-cœur, pour qu'ils le transmettent à leurs élèves. Apprendre par cœur, l'expression n'est pas effrayante pourtant. Elle indique la vibration amoureuse, le chant éprouvé au-dedans de soi, le rapport intime à la langue, fait de souffle, de voix, de corps. Seul le par-cœur pourrait rendre à la poésie la puissance de son charme et faire d'elle une fête secrète.

Mais soyons sûrs de la verve inépuisable des responsables de la Communication par la Culture, demain, ils nous inventeront de nouveaux slogans. La bêtise est, avec la douleur, l'une des rares choses sans fond. A quand « La Rage du théâtre », « La Défonce de la photo », « La Fièvre des archives », « Le Cri du patrimoine » ?

Il est vrai, l'Etat aime les fêtes et les commémorations. Il en est ainsi depuis la Révolution au moins. Mais, alors qu'il commémorait la nation, il commémore aujourd'hui la société civile, ou du moins la petite fraction de celle-ci que représentent les artistes. Le modèle de la fête envahit d'ailleurs celui de la commémoration, comme le montra le défilé organisé par Jean-Paul Goude pour le Bicentenaire de 1789. Fête de la musique ou Fête du sport, Fête de la science ou Fête de la photographie : la trop longue liste, partie du ministère de la Culture, semble gagner d'autres ministères et englobera sans doute demain une Fête de la police et une pour les routiers : pourquoi laisser d'aussi valeureuses catégories à l'écart ? Tout cela culminera sans doute par une « Fête des fêtes », comme il existe déjà un « Festival des festivals ». Mais toutes ces réjouissances ne sont que la Fête de l'Etat. Un Etat poète, musicien, photographe ? Non pas. Le prétendre serait trop risible. Mais un Etat qui aime, suscite et protège les arts (on dira plutôt, dans le jargon : dynamise, impulse et initie les pratiques culturelles). Les fêtes sont le sourire du pouvoir. Elles cachent mal la moue de son mépris.

Des miroirs

Narcisse, au miroir de ses fêtes et de ses célébrations, oublie tout ce qui n'est pas lui. Transi par sa propre image, il ne bouge plus. Le pouvoir est le pouvoir est le pouvoir... tel est, selon le modèle emprunté à Gertrude Stein, le programme ontologique et tautologique du ministère de la Culture. Il n'est pas acteur d'une réalité qu'il modifie, mais se contente de persévérer dans son être bruyant. Aujourd'hui, Mendès France ferait rire avec son « Gouverner c'est choisir ». Gouverner, c'est surtout *ne pas choisir*, pour durer.

Avec l'âge, les dérives bureaucratiques s'ajoutèrent aux lâchetés politiques et eurent raison des ambitions initiales. L'« action culturelle » fit place à la célébration circulaire par laquelle le ministère de la Culture fête le ministère de la Culture. Par ce processus, chacune des directions du ministère : musique et danse, théâtre, arts plastiques, livre, musées, etc., est en fait une agence de publicité ayant en charge l'image du ministre auprès d'un marché bien « ciblé » : les acteurs et les publics de chaque art. Par un mouvement identique, le ministère n'est que l'agence de communication du gouvernement auprès des artistes en particulier et des consommateurs de biens et de services culturels en général. Si l'on examine les choses sous cet angle, lorsque l'Etat consacre à la culture 1 % de son budget, c'est un pourcentage de dépenses de « communication » voisin de celui que toutes les grandes firmes accordent à leur propre « politique d'image ». Evidemment, s'il s'agissait de « changer la vie », comme on eut la bêtise de le dire, le budget entier de l'Etat n'y suffirait point. Non à l'Etat-Narcisse.

Des Modernes

Troisième poncif de la politique culturelle : le culte du nouveau. De même qu'il n'est moderne que s'il est culturel, l'Etat n'est culturel que s'il est moderniste. Dans une langue aujourd'hui morte, on chantait : « Du passé, faisons table rase. » Pourtant, ceux qui ont en charge les politiques publiques de la culture ont un premier devoir : transmettre, et, pour cela, conserver. En 1858, Sainte-Beuve ouvrait sa leçon à l'Ecole normale ainsi : « Il y a une tradition. » C'était un rappel de bon sens. Aujourd'hui, ce serait la provocation d'un insensé. La tradition n'a pas bonne presse. Moderne ne s'oppose plus à ancien, mais à ringard. La France moderne s'est prise d'une véritable passion pour une modernité d'autant plus exacerbée dans l'imaginaire qu'elle est en crise dans la réalité.

Il n'y a guère qu'en art que les Français se veulent (ou se croient) au premier rang de la modernité. « Modernité d'Etat », qui, dans le jargon des politiques culturelles, fait parler d'« art vivant », de « musique vivante » pour des créations dont les auteurs sont encore en vie. Comme si ceux-ci ne pouvaient produire d'œuvres mortes, et ceux du passé d'œuvres vives ! Mais nulle part le dogme de la modernité ne fut – et n'est – aussi proclamé qu'en musique. On connaît le mot d'ordre général et imprudent du surréalisme : « La beauté sera convulsive ou ne sera pas. » Première sottise. Bach, convulsif, ou Mozart ? Non, alors ? Oublions. On fut plus radical dans les années 1975-1990, qui virent, dans le sillage du sérialisme, l'avènement de la modernité musicale officielle et le règne de l'atonalisme public, laïc et obligatoire. La musique sera moderne ou ne sera pas. Composez dodécaphonique, ou taisez-vous ! Il n'y avait qu'un langage, celui de l'avant-garde autoproclamée – tautologie, toutes les avant-gardes ne représentent qu'elles-mêmes –, et ce langage ne pouvait être qu'universel.

Comme dans toutes les révolutions, les dictateurs s'unirent un moment aux révoltés. Les théoriciens détenteurs de la vérité prêtèrent la main aux niveleurs anarchisants des traditions.

A la tête des premiers, Pierre Boulez, qui se présenta constamment et jusqu'à un âge avancé comme « enfant terrible », et à qui la charité qui m'anime aurait souhaité un peu moins de terreur et un peu plus d'enfance. On me pardonnera de citer ici le propos d'un roi qui ne se prit pas pour un tyran ni un protecteur des arts, mais fut simplement leur amant, Louis le Grand, qui dit un jour à Mansart, en regardant ses plans de jardin : « Je voudrais un peu plus d'enfance. »

La modernité boulézienne domina donc l'appareil musical d'Etat. Depuis bientôt trente ans, sous tous les régimes, de droite comme de gauche, il y a en France un musicien et une musique officiels, même si on ne donna pas à Boulez, comme l'Empereur à Spontini, le titre de « musicien de Sa Majesté l'Impératrice », et comment l'eût-on fait sans fâcher l'une de ses deux marraines, Mme Pompidou et Mme Lang ? Boulez, donc, régna sans partage sur la modernité musicale, semant l'anathème et l'insulte comme ce pauvre directeur du Grand Hôtel de Balbec lâchait ses impropriétés de langue.

Mais, n'étant pas Nietzsche, et Boulez n'étant pas Wagner, je nous éviterai ici le ridicule d'instruire un « cas Boulez ». Ce serait donner trop de place à la musique d'un compositeur que n'écoutent que quelques centaines de Français, et qui n'est jouée à l'étranger qu'entrelardée entre Stravinski et Bartok, quand l'impose dans ses programmes de chef d'orchestre ce même compositeur dont le *New York Times* affirmait, en mars 1991 : « Son œuvre, en qualité et en étendue, ne justifie pas qu'on le nomme ainsi [car] la composition est toujours une affaire qu'il ne maîtrise pas. »

On pourrait donc ignorer Boulez compositeur, si Boulez homme de pouvoir n'occupait pas une telle place dans la comédie de la Culture. Il y a tout de même un étrange paradoxe : en France, pays non musicien, pour l'essentiel, l'artiste le plus puissant est un musicien. Pas de dramaturge ministériel, de peintre, de romancier, de sculpteur d'Etat. Mais un musicien officiel. Est-ce à dire que nos officiels soient musiciens ? N'accablons pas les politiques. Si, à Versailles, Louis XV chantonnait l'air du *Devin de village*: « J'ai perdu mon serviteur », on n'imagine pas l'hôte de l'Elysée ou son ministre de la Culture chanter un fragment – on n'ose pas dire un air – de *Soleil des eaux*. Rien n'a changé : les princes s'intéressent toujours à la musique. Mais aujourd'hui, s'ils s'y intéressent sans rien y connaître, c'est que la musique a changé : ils l'écoutent et la subventionnent par devoir plus que par plaisir ou conviction.

Le paradoxe pourtant n'est qu'apparent. Dans un pays plus musicien que le nôtre, jusque dans ses élites politiques et administratives, l'importance d'un compositeur tel que Boulez eût fait l'objet de débats, critiques et évaluations. Au lieu de l'aduler, on l'eût sans doute placé en perspective : un parmi d'autres.

Que Boulez soit le musicien préféré de Jack Lang et de Jacques Chirac ne disqualifie pas plus l'un que cela ne qualifie les autres ; mais cela constitue en soi une énigme politico-humaine intéressante, sachant le peu de goût de ces éminents politiques pour la musique en général, la « classique » en particulier. Ainsi, l'emprise de Boulez sur la musique ferait plutôt s'interroger sur ceux qui l'ont fait que sur ce qu'il a fait. Comme déclara carrément Daniel Barenboïm un jour, évoquant le contrat que le gouvernement Chirac lui signa le 5 mai 1988, à trois jours de l'élection présidentielle : « Qu'il s'agisse de mes pouvoirs ou de ma rémunération, je n'ai pris que ce qu'on acceptait de me donner. » Quant à l'autre sorte de tenants d'une modernité musicale d'Etat, pourfendeurs d'une tradition qu'ils ne méprisent que parce qu'ils l'ignorent, aujourd'hui, on rit de tel propos socialiste visant en 1982 à débaptiser les conservatoires de musique, parce que leur nom évoquait le conservatisme. C'était, il est vrai, le temps déraisonnable où Jack Lang à Mexico affirmait que « la lutte des classes, nationale et internationale, affecte l'art et même la culture ». Les courtisans de l'heure prirent pour une orientation esthétique ce qui n'était qu'une mode. Sous certains climats, le rouge est si seyant. On ne débaptisa point, finalement, mais seulement parce que les autres noms n'étaient pas moins chargés de l'idéologie haïssable du savoir et de la tradition : Ecoles, Instituts, etc. Pourtant, la faillite de l'enseignement du français, d'autres l'ont montré, tient précisément à cet abandon du rôle de conservatoire de la littérature qu'était l'Ecole, au nom de la modernité, bien sûr, là aussi.

Récemment, Boulez, à nouveau, qu'on ne savait pas si ennemi des institutions, lui, le musicien d'Etat, jugeait globalement le corps des conservateurs de musées trop « conservateur » pour qu'un de ses membres puisse concevoir à la Villette le Musée de la Musique, Moderne, International et Scientifique, que le Maître appelait de ses vœux. Ou, plus exactement, enjoignait à l'Etat de construire selon ses directives.

J'ai dit naguère : « Entre Boulez et la musique, il faut choisir. » Ce qui ne signifiait pas : entre la musique et Boulez, *le musicien*. Ce serait une absurdité : il est une partie – infime – de la musique ; il serait grotesque de mettre toute la musique en balance avec une œuvre publiée de quelques opus dont la durée totale n'excède pas cinq heures. Mais entre Boulez, *le politique*, et la musique, oui, il faut choisir. Se croyant les témoins d'un temps dont ils ne sont que les victimes, des snobs sous le charme et des politiques sous le joug n'offriront pas toujours au maître de Montbrison une France musicale tremblante, mais soumise, qui n'attend que sa fin ou sa disgrâce pour musiquer en paix.

De la science

Naguère portraituré par Jean-Paul Aron avec toute la méchanceté qui lui tenait lieu de talent, le Moderne a plusieurs traits. Il est international, sans passé. Scientifique surtout.

Après l'ouverture, la fête et la modernité, la science fut donc le quatrième thème que rabâcha l'idéologie culturelle. L'art sera scientifique ou ne sera pas, tel fut le dogmatisme implicite, très lié au terrorisme de la modernité, qui domina durant vingt ans la France artistique, et surtout musicale.

Car ici encore, c'est en musique que se firent le plus sentir les ravages de l'idéologie scientiste, droit issue d'Auguste Comte, c'est à dire du XIXe siècle. Rien ne se dit de sérieux en musique depuis 1950, qui ne fît référence à la science. En aucun autre art la science et ses supposés bienfaits ne furent présentés comme indispensables à l'artiste, voire comme son seul recours. On ne parle plus de science des textes que dans quelques départements universitaires, et les outrances de l'avant-garde telquellienne ne résonnèrent que brièvement dans le désert. Il n'y a plus, depuis 1900 au moins, de scientisme en arts plastiques. Et celui qui parlerait de « théâtre scientifique » ferait rire, heureusement. Mais, en musique, le *credo* est : sans recherche, point de création. On peut écrire des poèmes avec une plume et un cahier, peindre avec quelques couleurs et de la toile. On ne saurait en revanche, selon les Modernes, composer de la musique sans ordinateurs de la dernière génération, et sans les renouveler chaque année.

Il n'est en outre pas question de la jouer ailleurs que dans des salles à modulabilité totale, acoustique, visuelle, spatiale, appareillage qui requiert au moins la technologie de pointe des ponts élévateurs pour porte-avions nucléaires. Je n'invente rien, je cite un propos de Pierre Boulez, au risque de paraître m'acharner sur ce maudit auquel la France fit tant de misères. La seule chose qui ne soit pas modulable est le public, toujours le même depuis vingt ans : quelques centaines de croyants. Evidemment, tout cela demande de l'argent, beaucoup, que seul l'Etat peut apporter. Le socialisme, c'était « les soviets, plus l'électrification ». La musique ircamienne, qui prétend être toute la musique contemporaine, c'est l'ordinateur, plus la subvention. Je crée. L'intendance suivra. En effet, celle-ci ne fit pas défaut.

Mais rien ne se périme plus tôt que la science, si ce n'est la mode. Et la musique contemporaine officielle conjuguait l'une avec l'autre. Cruelle ironie des avant-gardes ! Que la garde n'arrive jamais, ni la troupe, peu leur chaut. Mais qu'elles soient, en quelque sorte, toujours en retard d'une avance, et que les Modernes se condamnent à passer un jour ou l'autre pour des conservateurs, voilà qui devrait leur être insupportable, n'était que le conservatisme d'avant-garde, comme tout conservatisme, procure quelques avantages matériels non négligeables.

Les légitimités finalement s'emboîtent, telles des poupées russes. La science légitime l'art, qui légitime le pouvoir politique : telle est la chaîne de l'idéologie moderniste. L'art n'a plus en lui-même sa ressource et sa fin. Je n'hésite pas à mon tour à céder à l'argument du progrès, pour dire que la seule chose réactionnaire en art est de croire au progrès en art, et de classer les artistes en « réactionnaires » et « progressistes ».

Plus sérieusement, que signifie cet archaïsme français ? Qui abuse-t-on lorsqu'on substitue à la notion du beau la catégorie du neuf, ou, pire, celle du « jeune » ? « Thèse absurde sur la jeunesse des poètes. Ni vieux ni jeune, il est », écrivait Baudelaire. A méditer, en des temps où un ministre crut enrôler Rimbaud sous la bannière du rap et de la musique jeune. Il faut toujours se méfier quand des politiques courent après le suffrage de la jeunesse. Ce n'est pas à la jeunesse qu'ils en appellent, mais à l'enfance qu'ils ramènent, ou plutôt à l'infantilisme des farces ou du chahut.

Des snobs

De temps à autre, les soirs de première – jamais suivies de secondes représentations – dans les sous-sols du centre Georges-Pompidou, quelques dizaines d'officiels, de snobs et de dévots se font un devoir d'écouter un concert de musique ircamienne. Caricaturant les amateurs d'art révolutionnaire, un autre critique de la modernité, Proust, dont la méchanceté cette fois aiguisait le génie, décrivait ainsi avant l'heure un concert du type de ceux auxquels se fait un devoir de se rendre la *nomenklatura* parisienne de droite et de gauche (la modernité n'a pas de parti, autre que celui du pouvoir, qui toujours tient les cordons de la création) : « J'ai été à un concert. Je vous avouerai que ça ne m'emballait pas [...]. Tonnerre de Dieu, ce que j'entends là, c'est exaspérant, c'est mal écrit, mais c'est épastrouillant, ce n'est pas l'œuvre de tout le monde. » Bref, c'est moderne. Enfin, jusqu'à la prochaine. Proust poursuit : « Ils vont donc applaudir longtemps de suite la même œuvre, croyant de plus que leur présence réalise un devoir, un acte, comme d'autres personnes la leur à une séance de conseil d'administration, à un enterrement. Puis viennent des œuvres autres et même opposées, que ce soit en littérature, en peinture ou en musique. Car la faculté de lancer des idées, des systèmes, et surtout de se les assimiler, a toujours été beaucoup plus fréquente, même chez ceux qui produisent, que le véritable goût. »

Le snob confond nouveauté et nouvelleté, comme on confond le livre et le journal. Mais comme il est amer de voir si tôt démodées les girouettes de la modernité, et désavoués ceux qui, bâillant en privé, chantent laudes en public à une musique qu'ils prescrivent à autrui mais n'écouteront jamais. Un jour, je demandai à l'un d'eux, Michel Guy, qui fut ministre de la Culture, si, hors les concerts officiels, il écoutait chez lui des œuvres de Boulez, le compositeur dont il avait fait le musicien d'Etat de la France pour longtemps, introduisant dans les mœurs publiques un véritable devoir de musique contemporaine. Il me répondit, presque outragé : « Jamais. Je n'écoute de la musique que pour mon plaisir. »

Mais, aujourd'hui, qui oserait encore prétendre que la musique doit être moderne – entendez : intégralement atonale – ou ne pas être ? Car *fut*-elle, en fin de compte ? et fut-elle *moderne*, la musique qui résulta de cette féodalité moderniste, scientiste et subventionnée ? L'histoire de la musique jugera. L'ironie de l'art voulut que le mot d'ordre fût pris au mot, mais cruellement : la musique fut moderne... et ne fut pas. Moderne pour ceux qui l'écrivaient et la subventionnaient, elle n'eut pas d'existence réelle pour les mélomanes. « Combien faut-il de sots pour faire un public ? », demandait un esprit ironique, mais faux. De ce que la dictature de l'« audimat » soit un asservissement des œuvres de l'esprit et que le public n'ait pas toujours raison, il ne résulte pas qu'il ait toujours tort. Qu'elle est vieille, l'idée que la postérité finira bien par faire droit à une modernité que les contemporains imbéciles s'obstinent à ne pas comprendre ! Les premiers *ready-made* de Duchamp sont de 1912, comme le *Pierrot lunaire* de Schönberg. Voilà quatre-vingts ans, quatre générations, que s'entêtent les obtus qui n'aiment ni les uns ni l'autre. La postérité rectificatrice de valeurs a de ces lenteurs ! Que le public, non pas pris en masse, mais le public cultivé, ami et familier de la musique, rejette à ce point et aussi constamment une certaine musique « vivante » est peut-être un fait regrettable, mais c'est un fait. Que cela pose des problèmes, non seulement au public, sommé d'aimer et culpabilisé de ne pas comprendre, mais aux compositeurs, ce qui d'ailleurs est de plus en plus le cas, rend d'autant plus étonnant que cela n'en pose aucun à ceux qui les subventionnent.

Il est tout de même étonnant enfin que l'on ne s'interroge pas davantage sur les liens entre la désaffection du public et la nature de la musique qu'on lui donne à entendre. Une bonne part de la musique de notre temps a perdu le contact avec ce qu'il faut bien appeler, d'un mot très démodé, l'âme. L'émotion, le dévoilement de l'être, l'allégresse, qui, plus que la peine, déchire le cœur, les affects, la psyché en un mot, tout cela veut être, sinon dit, du moins touché en musique. Mais peut-être est-ce l'époque d'abord qui fait que l'âme humaine a perdu sa musique, et expliquerait qu'en retour la musique ait perdu son âme.

Cette désaffection, dans les deux sens du terme, heureusement, ne toucha pas toute la musique contemporaine. Gubaidulina, Schnittke, Pärt, Adams, Reich, Hersant, Dusapin, loin d'appartenir à la réaction, composent de la musique nouvelle, car chaque artiste doit renouveler le langage dont il hérite. Ces compositeurs parlent un autre langage, écrivent une musique vivante et ont un public. Quant aux autres, sectaires de la modernité assenant, avec tous les moyens matériels de ce qu'Althusser appela jadis un « appareil idéologique d'Etat », qu'il n'existe qu'*un* langage musical, le leur, on les admire et on les fuit. Juste retour des choses, on va à la beauté quand elle s'adresse à vous, on ignore ce qui vous méprise.

Il est vrai, le Moderne se moque d'avoir ou non du public. Créateur, il croit voir dans les fauteuils vides un signe de bêtise contemporaine et d'élection par la postérité. Spectateur, il se croit d'autant plus *happy* qu'il est *few*. Politique enfin, il mesure sa toute-puissance à l'aune de sa subvention : sans moi, ce chef-d'œuvre ne serait pas, que tous ignorent, mais que chacun finance. Il n'y a plus que quelques politiques français pour penser que le monde entier nous envie l'IRCAM, et qu'un ancien Premier ministre, Jacques Chirac, pour terminer une émission télévisée en citant sans rire son œuvre préférée : *Le Marteau sans maître*...

Le snobisme est increvable, et rien ne rend bête comme la peur de le paraître. Le ridicule ne tue pas, mais les précieux vont au néant. Aussi pathétiques que ceux que la peur de vieillir transforme prématurément en vieillards, ils continuent de courir après les avant-gardes, attendant de *liftings* de plus en plus rapprochés une jouvence que leur donnerait plus sûrement l'écoute d'une bonne *Partita* de Bach jouée par Glenn Gould.

Du passé

Venons-en au troisième trait spécifique de la musique contemporaine officielle : l'absence de référence au passé. Si l'on considère les œuvres, non les produits de divertissement, alors que l'essentiel des livres lus aujourd'hui sont écrits par des écrivains d'aujourd'hui, la quasi-totalité de la musique écoutée au disque ou au concert fut écrite hier ou avant-hier. Le constat est doublement triste. D'un côté, les lecteurs ne fréquentent plus guère la grande école du style ; de l'autre, une musique refusant de s'inscrire dans la tradition et révoquant globalement le passé a paradoxalement amené les mélomanes à n'écouter précisément que des œuvres du passé. A qui la responsabilité de ce dernier aspect ? Au public, ou aux compositeurs ?

Un peu d'histoire. « Degré zéro de l'écriture » (Barthes), sérialisme intégral abolissant tous les langages précédents (Boulez), les roboratives purges que nos bons docteurs de la modernité voulaient infliger dans les années 1960 à la bourgeoisie malade de son art rappellent irrésistiblement d'autres purges, moins bénignes. L'Homme Musical Nouveau se fabriquait désormais, malgré lui et sans le savoir, dans les laboratoires financés par l'Etat. Barthes le proclamait, avec la majuscule d'usage du bon croyant : « Le Nouveau n'est pas une mode, c'est une valeur. » Curieusement, il rangea le Nouveau sous la bannière de la « jouissance ». Boulez, hélas, rua comme un furieux, lui qui déclarait que parler de plaisir en musique était une marque d'arriération mentale, et sans doute politique.

Heureusement, après quelques débats difficiles, dans les années 1980, et grâce au ministère de la Culture, la vérité s'empara, à défaut des « masses », de l'appareil d'Etat. On passa de la nuit au jour, déclara Jack Lang à la tribune de l'Assemblée le 17 novembre 1981, rêvant sans doute d'une République-Soleil éclairant la Culture comme le Roi-Soleil les arts. Ce furent dix années forcément modernes, internationales, scientifiques. Passons. Une question seulement : combien de temps la notion d'avant-garde artistique, et singulièrement musicale, survivra-t-elle à l'effondrement de l'avant-garde prolétarienne, et à ceux qui, là aussi, annonçaient son avènement *scientifiquement* inéluctable ?

C'est qu'il est vivace, le désir d'une langue unique et absolue. A ceux qui aiment la totalité, Etienne de La Boétie laissa vers 1550 un livre qu'ils se gardent de méditer. Son titre est *Le Discours de la servitude volontaire*, et son sous-titre *Le Contr'Un*. Un seul langage, quel qu'il soit, un langage unique et universel, voilà ce que nous attendons du tyran. Les sériels d'Etat crurent l'apporter. Plaisant de voir aujourd'hui, à l'autre extrémité du spectre, celui des musiques populaires, la même revendication d'universel : une même *musak* globale se moque des langues musicales particulières ou des traditions nationales.

Le ministère de la Culture tantôt dit « tout est art, tout le monde est artiste », tantôt contradictoirement affirme que seul le moderne d'avant-garde est artiste. Il est vrai, le politique n'est pas tenu à la logique et peut fort bien louer également, quoique subventionner inégalement, le rap (il ne faut pas désespérer La Courneuve) et le sérialisme généralisé (il ne faut pas désespérer le Luberon). Mais curieusement les deux idées tiennent à la même erreur : l'art ne vient pas du passé, ni celui de l'art, ni celui de l'artiste. « Je n'ai pas de passé, je vis dans le futur », déclare volontiers le tenant de l'avant-garde du modernisme officiel en musique, que je n'ai que trop nommé déjà. De même que sont censés créer immédiatement, sans savoir, ni mémoire des savoirs, le taggeur et le rappeur, de même l'artiste subventionné moderne n'est né que de lui-même, et l'œuvre « vivante » sera le fruit monstrueux des noces du politique et du génie.

« Il faut être absolument moderne », disait Rimbaud. Répondre qu'il faut être résolument classique serait ne pas apercevoir que cette opposition elle-même est pipée. Inévitablement, nous lisons les classiques de façon moderne, et nous ne comprenons la modernité qu'à travers la tradition classique. S'agissant d'art, la première sottise est de dire « Il faut », de vouloir « absolument » ou « résolument » telle ou telle esthétique, de proclamer qu'être moderne ou classique est « une valeur ». Le langage des mots d'ordre n'a pas ici sa place, et un artiste ne devrait jamais anathémiser sur le mode : c'est ainsi et pas autrement.

Et si l'on n'était moderne qu'en refusant la religion de la modernité, qui n'est qu'un nouvel académisme ? Les Modernes, à force de prier la religion de l'intelligence, sombrèrent dans ce que Baudelaire appela, à propos du culte du progrès, « le paganisme des imbéciles ». Il dépeint l'art moderne, celui de Constantin Guys, de Poe, de Wagner, comme *opposé* à l'idée de progrès, qui, appliquée à l'art, lui semble « une absurdité gigantesque, une grotesquerie qui monte jusqu'à l'épouvantable ». Progrès et avant-garde, il se rit de ces métaphores, politico-scientifique pour la première, militaro-politique pour la seconde : « Amour des Français pour les métaphores militaires [...] "Littérature militante", "Se jeter dans la mêlée", "Les poètes de combat", "Les littérateurs d'avant-garde" [...] Ces habitudes de métaphores militaires dénotent des esprits non pas militants mais faits pour la discipline, c'est-à-dire pour la conformité. »

Ennemi, avant-garde, complot, ces mots-là, aucun artiste, aucun intellectuel ne les prononce sans prendre le risque de n'être plus un artiste à la recherche du beau ou un intellectuel épris de vérité, pour devenir un politique asservi au pouvoir. Le pouvoir est le mauvais rêve de l'art.

Des musées

Autre thème cher au ministère de la Culture qui lui consacra quelques plaisantes saynètes, le musée. Quand un art est malade, l'Etat a deux façons d'en prendre soin : le musée et la fête. Je ne reviendrai pas sur la seconde. Les campagnes s'éteignent et la culture paysanne se survit ? On multiplie les musées des arts et traditions populaires. Sans doute, il vaut mieux que cette culture se conserve là que point du tout. Mais le musée s'édifie toujours sur la disparition d'une proximité.

Il y a encore une troisième solution pour sauver un art qui se meurt, qui combine le mouroir et l'unité de soins intensifs : le salon, compromis entre le musée et la fête, la vitrine et la foire. A côté de la *Fête du livre*, le *Salon* du livre ouvert au grand public – je ne méconnais pas l'utilité des salons professionnels – sera-t-il l'ultime étape avant le *Musée* du livre où les jeunes générations seront emmenées par métros entiers voir sous vitrines les derniers livres ?

Un Musée des arts de la mode, inauguré au pavillon de Marsan en 1986, pourquoi pas ? Cette nouveauté joint deux perversions. La première consiste à faire musée de tout : il existe à Saint-Pierre-sur-Dives un Musée des techniques fromagères, à Grasse un Musée de la parfumerie et je suis sûr qu'il existe quelque part un Musée du cure-dents. Actuellement, en France, il s'ouvre, dit-on, un musée par mois. On aurait tort d'y lire une extension de l'amour de l'art. Simplement une diffusion de la passion conservatrice d'un temps qui ne sait plus juger du sens des choses, mais veut tout conserver, au cas où.

Le musée n'est-il pas, par la mise à mort du regard qu'il organise, malgré ou à cause de l'extension du nombre des spectateurs, un moyen de faire taire le désir de l'artiste ? L'urinoir de Duchamp n'avait son sens qu'à l'extérieur du musée, comme défi. Inclus dans le musée, le scandale s'évente. Du côté du spectateur, tout est fait pour qu'il ne connaisse plus la rencontre singulière avec l'œuvre singulière qui ouvre les yeux.

La seconde perversion est de prendre tout dans le tourbillon de la mode, et les musées eux-mêmes n'y échappent pas, qui ne drainent un public nombreux qu'au hasard des centenaires ou des rétrospectives. La mode de la commémoration, qui dépasse la peinture et atteint la littérature ou le cinéma, transforme le souvenir en devoir. Une année, c'est David qu'il *faut* visiter (on n'oserait dire voir, ou regarder), la suivante, c'est Seurat, puis Géricault, puis Toulouse-Lautrec. En 1984, J.-P. Aron écrivit *Les Modernes*. Aujourd'hui, il écrirait *Les Modistes*.

Du grand

Dans la comédie de la Culture, à côté des thèmes principaux, il y eut quelques sous-thèmes : les Grands Travaux ne furent pas le moindre. Dans les bilans de l'action du ministère de la Culture, une place importante est faite aux Grands Travaux. C'est justice : ils représentèrent une part importante des crédits du ministère (environ 15 milliards de francs pour chacun des deux septennats, sans compter leur important coût de fonctionnement) qui auraient pu utilement s'employer ailleurs. Depuis de Gaulle, qui n'en lança aucun, pensant sans doute que sa grandeur et celle de la France se disaient autrement, les présidents firent assaut de *monumenta*: un pour Georges Pompidou, trois pour Valéry Giscard d'Estaing, six pour François Mitterrand. Les commentateurs virent absurdement un essor de la culture dans ces fureurs bâtisseuses. Les Grands Travaux ? La rencontre providentielle de technocrates en mal de culture, d'ingénieurs en mal de béton et de princes en mal de postérité.

Les Grands Travaux sont souvent très éloignés de la fonction qui les justifie : l'utilisation est compromise, voire niée par l'architecture. Bureaux de la Grande Arche invivables pour ceux qui y travaillent, accès unique au Louvre, massif, difficile et lent pour ceux qui le visitent, tours de la Grande Bibliothèque en stockage vertical rendant complexe, coûteuse et dangereuse la communication des livres à ceux qui y étudieront.

L'exemplaire erreur de conception de la Très Grande Bibliothèque tient à ce qu'on ne voulut pas construire une bibliothèque, mais un monument qui accueille une bibliothèque. La subordination de celle-ci à celui-là dénature le projet. Un monument est un objet grandiose, par la taille et la forme, que le prince offre à son peuple, pour sa fréquentation et sa contemplation. De là découlent les quatre défauts majeurs du projet :

– un délai de réalisation trop court. Notre prince n'est qu'un élu, son mandat est limité, mais la Bibliothèque, qui sera utilisée pendant des siècles, doit être achevée dans un délai de quelques années qui ne permet pas d'ajuster la réflexion et de surmonter les difficultés techniques ;

– une situation mal choisie. A l'évidence, la Bibliothèque devait être dans l'agglomération parisienne, centre du pays, mais en dehors de Paris. Parce que la place y manque, au point que les espaces construits seront à terme trop étroits pour conserver les livres à venir.

Parce que les institutions culturelles ne font pas défaut *intra-muros*. Parce qu'enfin on ne peut pas indéfiniment laisser se creuser un fossé entre une capitale gavée d'équipements et des banlieues en déshérence ;

– une forme architecturale en tours, qui plut au prince, mais ne convient ni aux livres ni aux chercheurs ;

– une destination à tous les publics, qui en fait, plus qu'un outil de travail, un lieu récréatif, enjeu de « marketing » urbain.

C'est sans doute que le but des Grands Travaux n'est pas de dire, mais de signifier. Non pas de permettre que s'expriment les besoins de la société, mais que le pouvoir se montre en surplomb de celle-ci et pour en être admiré. La devise du despotisme démocratique n'est pas : « Qu'ils haïssent, pourvu qu'ils craignent ! », mais : « Qu'ils ignorent, pourvu qu'ils admirent ! » Voire, plus cynique : « Qu'ils critiquent, pourvu qu'ils paient ! » Dans la comédie de la Culture, lorsque l'Etat se met en scène, il fait plutôt dans le décor lourd. Mais, comme dans une démocratie on ne saurait bâtir des arcs de triomphes vides de toute utilité sociale, ou, à la Bastille, des symboles érigés seulement pour la commémoration de quelque victoire, telle celle du « peuple de gauche » le 10 mai 1981, on justifia la vraie finalité : prodiguer l'Etat et illustrer le prince, en inventant une fonctionnalité absente ou mal conçue : servir un public, voire le peuple.

Dans les cas extrêmes de certains monuments, on vit une telle discordance entre le *pour quoi* ils ont été faits et le *comment* ils se présentent qu'il fallut tordre les mots pour tenter de faire cadrer la réalité et le signe. Ainsi, l'on qualifia de « moderne et populaire » l'Opéra-Bastille destiné à abriter un art qui n'est ni l'un ni l'autre.

Il y eut donc *deux* Grands Projets pour la musique, qui a bénéficié, si l'on peut dire, de ce traitement de faveur : la Cité de la Musique et l'Opéra-Bastille. Les bâtisseurs de ce dernier disent qu'on doit au « hasard productif » l'admirable dispositif de scène, admirablement impratique, impraticable et impratiqué à ce jour. L'histoire est la suivante. A l'automne 1981, un scénographe sans scène, Michael Dittmann, rencontre un directeur au ministre de la Culture depuis peu sans direction, Jean-Pierre Angrémy. Missionnaires du ministre, ils sillonnent le monde à la recherche du Graal de l'Opéra que se sont mis en tête de construire, Dieu sait pourquoi, un président de la République qui hait cet art et ne se rendit qu'une fois depuis son inauguration, et encore, pour un seul acte d'*Otello,* dans le temple qu'il lui fit bâtir, et un ministre de la Culture qui préférerait le rock, s'il préférait quoi que ce soit à quoi que ce soit.

Au terme de leur périple initiatique, nos nouveaux Gurnemanz et Parsifal, je veux dire Dittmann et Angrémy, eurent ensemble « un déclic » : pourquoi ne pas combiner le dispositif scénique du Metropolitan Opera de New York, en croix (une scène, deux répliques latérales et une derrière), avec celui de l'Opéra de Munich (quatre scènes également, mais en carré) ? Ni l'un ni l'autre concepteur ne revendique aujourd'hui la paternité du monstre qui en résulta (croix + carré, outre la scène face au public, deux latérales et trois derrière). Et puis, tant qu'on y est, pourquoi ne pas faire la même chose en dessous ? s'emportèrent-ils, et voilà cinq scènes identiques ajoutées en sous-sol. C'est ainsi que l'Opéra-Bastille, qui fait trois fois moins de spectacles que ses modèles de New York et Munich, comporte quatre fois plus d'espaces scéniques que le premier et trois fois plus que le second. C'est ainsi que Paris, voulant faire mieux que New York et Munich réunis, fit nettement moins bien que Montpellier tout seul.

Que des égarés aient voulu, du crayon ou de la plume, régler leur compte à l'impérialisme yankee et à la lourdeur teutonne, passe encore. Mais que, selon un processus exactement démontré par Maryvonne de Saint-Pulgent dans le livre qu'elle consacra à l'Opéra-Bastille, l'administration, le gouvernement, le Parlement aient accepté de mettre en œuvre cette folie de 3 milliards de francs relève de la pathologie massive des démocraties, plus que de la sympathique fragilité personnelle. Que des gens qui savent compter aient cru, ou feint de croire pour faire croire, que dans cet Opéra on ferait trois fois plus de représentations pour deux fois moins cher qu'au Palais-Garnier, et qu'aujourd'hui encore il ne se trouve personne pour remarquer qu'on en fait deux fois moins pour trois fois plus cher, n'agacera que ceux qui aiment qu'un compte soit juste, et un esprit point trop faux.

Il est vrai que les artistes, convoqués à Nanterre, avaient opiné doctement : oui, tout cela est bel et bon, mais ne pourrait-on ajouter à cette merveille une salle modulable pour la musique contemporaine ? L'Etat libre-service, c'est cela. Les artistes, les techniciens, les fonctionnaires parfois, qui disent : « Vous m'en remettrez bien une. » Mais, finalement, tous ces « clients » laissent la note au citoyen que l'on prit pour un sot tout au long de cette histoire. En politique, la méprise n'est jamais loin du mépris.

A l'Opéra-Bastille s'ajouta la Cité de la Musique, dont le coût fut moindre, à peine un petit milliard de francs, sans parler d'autres projets envisagés, bien sûr parisiens l'un et l'autre, la Maison de la Danse, et le Hall de la Chanson. A cela s'ajoute un coût de fonctionnement qui évidemment s'impute dans le budget global de la musique et de la danse à la place des actions de fond. Il a fallu près d'un an de débats, où l'on vit des ministres monter à l'Elysée pour faire valoir que Pierre Boulez ne comprendrait pas qu'on ne construise pas les salles qui lui ont été promises, sans que l'Etat ne parvienne finalement à trancher du point de savoir si la collectivité devait vraiment construire *deux* salles, l'une à la Villette, l'autre à la Bastille, toutes deux modulables et dotées de toute la technologie de pointe, alors que les régions manquent de salles, fussent-elles conventionnelles, et la musique contemporaine de public, plus que de subventions et de lieux. Les esprits les plus courageux – ou les plus clairvoyants – pensaient qu'une seule salle aurait peut-être suffi. Sans doute était-ce sombrer dans l'obscurantisme antimoderniste que de n'en vouloir aucune et de penser que, pour un public qui ne dépasse pas 300 personnes par concert, 200 millions de francs la salle, cela faisait cher le spectateur. C'est exactement le montant total des crédits de construction de l'ensemble des bibliothèques universitaires.

Du tout

Après cette longue illustration de la seconde proposition de mon syllogisme, venons-en à sa conclusion : puisque tout le social est culturel et que l'Etat est et doit être culturel, il a vocation à gérer tout le social. On remarquera que ce sont les mêmes qui, cessant de proclamer le « tout est politique », se sont repliés sur le « tout est culturel ». Conclusion absurde, puisque, historiquement, l'Etat n'a pas toujours été culturel. On peut assez précisément dater la rencontre de l'Etat et du « culturel ». Le 17 mai 1968, alors qu'il occupe l'Odéon depuis deux jours, le Comité d'action révolutionnaire distribue un tract : « Les buts de l'occupation sont : le sabotage de tout ce qui est "culturel" : théâtre, art, littérature, etc. (de droite ou de gauche, gouvernemental ou d'avant-garde), et le maintien de la haute priorité de la lutte politique. Le sabotage systématique de l'industrie culturelle et en particulier de l'industrie du spectacle pour laisser place à une création collective véritable. »

Moment charnière, dont les acteurs mesurent mal l'enjeu, exactement contraire à leurs proclamations. En fait, le sens et l'acquis de 1968 ne furent pas le primat du politique, car l'échec fut total sur ce plan, mais justement le primat du culturel. L'investissement (au sens économique et social) du culturel par toute une couche sociale d'intellectuels, de militants, d'universitaires et d'étudiants date de cet investissement (au sens d'occupation) symbolique. Bien entendu, eux aussi, contestant la culture-art, ne voient pas la culture-mœurs, qui sera au cours de la décennie suivante l'objet de tous leurs soins. Avec l'occupation d'un *théâtre*, deux remises en cause se préparent, sous le drapeau de la Culture, la subversion de la représentation politique et la condamnation de l'art, l'une et l'autre entreprises au nom de l'expression directe.

Même aveuglement sur les changements dont ils sont en fait les porteurs, chez les directeurs de centre culturel réunis à Villeurbanne le 25 mai suivant : « Tout effort d'ordre culturel ne pourra plus que nous apparaître vain aussi longtemps qu'il ne se proposera pas expressément d'être une entreprise de politisation. » Mais déjà le « tout culturel » perce sous le « tout politique ». Déjà, ceux qui sont ou deviendront la fine fleur de la politique du théâtre après 1981 réclament de porter à 3 % au moins la part de la culture dans le budget de l'Etat, tout comme ils revendiquent un élargissement du Conseil économique et social au secteur culturel. Derrière leur critique de la « culture héréditaire, particulariste, c'est-à-dire tout simplement bourgeoise », s'affirme la revendication corporatiste d'une intégration accrue du théâtre au champ étatique. Les acteurs, les thèmes, les mots d'ordre, tout est en place pour que naisse, sous la gauche, l'Etat-artiste.

Dans les années qui suivront, alors que le culturel deviendra pour les princes un thème politique, les intellectuels troqueront, comme principe de leur intervention dans la cité, le politique au profit du culturel. Reconnaissance, positions, intérêts, toute leur stratégie se déplace de l'engagement pour une cause vers l'allégeance à une féodalité. Le glissement fut aisé : des deux côtés, on considéra que le culturel était par essence politique, et il finit par devenir ministériel. Aujourd'hui, on ne parle en fait de politique culturelle que parce qu'on craindrait de se réclamer d'une politique de l'art, ou d'un art politique – cela ferait hurler les intellectuels – et qu'on n'a plus les moyens, ou l'ambition, d'une politique de l'éducation. De là le malaise actuel, et le risque de dilution des politiques menées dans un « tout culturel » aussi prétentieux dans sa proclamation qu'intenable dans ses réalités budgétaires, économiques et sociales.

Ayant peu de goût pour l'Etat total, et usant rarement du mot *tout*, j'eus beaucoup de mal à supporter la langue du ministère de la Culture, qui aime grandement ce petit mot. Ainsi, la lettre d'août 1988 du président de la République au Premier ministre à propos de « la plus grande et la plus moderne bibliothèque du monde » affirme que cette dernière « devra couvrir tous les champs de la connaissance, être à la disposition de tous, pouvoir être consultée à distance et entrer en relation avec d'autres bibliothèques européennes ». De même, on ne relit pas sans rire les rêves d'une Cité totale de la Musique de 1982, nouvelle Euphonia, l'utopique contrée entièrement musicale dont Berlioz moqua l'anticipation cauchemardesque. Un Opéra – populaire –, plus un auditorium – également populaire –, plus une salle modulable – scientifique, moderne et internationale celle-là –, plus un conservatoire – débaptisé, modernisé –, plus des ateliers électro-acoustiques d'un type nouveau, plus un Musée de la musique – moderne et populaire, scientifique et international. Parmi toutes ces merveilles, une foule vaquant d'un concert à une leçon de violon baroque, puis se ruant à une répétition de l'Opéra, qu'elle quitte à regret pour un débat sur les « corps sonores », avant d'échouer au Musée où elle hésite entre une présentation d'un clavecin du XVIIe siècle un peu ringard, bien que peint par Lancret, et l'admirable ordinateur 4X que le monde nous envie. Pourquoi tout cela, et pourquoi en ce lieu unique ? On lâchait des mots-mana : synergie, interdisciplinarité. Ce fut l'une des plus cuisantes erreurs de la politique culturelle : *Big is beautiful*. Plus c'est grand, plus c'est culturel. Car qu'avaient en commun toutes ces composantes ? Rien. La Cité de la Musique. Qu'ont à voir ensemble un centre de recherche acoustique, un musée d'art contemporain et une bibliothèque d'usuels ? Rien. Le centre Georges-Pompidou. Que font superposés la bibliothèque nationale des chercheurs et l'accès au grand public d'ouvrages généralement quelconques ? Rien. La Très Grande Bibliothèque.

Dans les trois cas, on sembla attendre d'un bâtiment qu'il résolût des difficultés intellectuelles ou sociales. Les artistes et les chercheurs ne pourraient-ils parler ensemble que s'ils logent sur le même palier ? Le public n'aime-t-il pas voyager, dériver, chercher ? En fait, si l'on préfère ces agglomérats mal pensés de fonctions mal pensées, l'interdisciplinarité n'est qu'un alibi au désir des architectes de faire grand, à celui des princes de faire visible et à celui des techniciens et des entreprises de faire cher. Ces monstruosités mêlèrent deux idées fausses : croire que des économies d'échelle sortiraient de ce rassemblement physique ignorant les particularismes administratifs et les féodalités syndicales, penser que le croisement intellectuel forcé féconderait les disciplines de chaque art. Se représentant un public abstrait et indifférencié qui n'existe que dans les épures des technocrates, on feignit d'espérer que les badauds ouvriraient les unes après les autres les portes de la Culture et que le public de rock du Zénith, avant de reprendre le métro, viendrait au Musée de la Musique rafraîchir ses connaissances en chant grégorien. Tout autre est la cité démocratique. Elle abrite en des endroits distincts des passions variées, qui se rencontrent non parce qu'elles se croisent, mais parce qu'elles se cherchent.

Tous les arts (et tout est ou peut devenir art), toutes les musiques, tous les publics, tous les artistes (et tous sont artistes ou peuvent le devenir), tout cela ne vous a-t-il pas un petit côté totalitaire ? L'ombre des vrais totalitarismes historiques est heureusement conjurée, et je ne suis pas de ceux qui crient à la soviétisation de l'art dès que l'Etat subventionne une compagnie de danse, non plus que de ceux qui croient qu'hors l'intervention d'un ministère point de culture. Non, il ne s'agit que de ces douces totalités totalement stupides des émissions télévisées de jeux ou de variétés : on s'aime tous, on applaudit tous, etc. Bonne volonté, d'ailleurs totalement impuissante, plus que volonté mauvaise de puissance, j'en conviens. Mais je maintiens qu'il y a dans tous ces *tous* une erreur, un danger et un mensonge.

L'erreur ? L'art parle de solitude à solitude. Chacun pour soi, au sens de la singularité absolue. « Lectures pour tous », tel était le titre d'une regrettée émission littéraire à la télévision. Pour tous ? oui, mais chacun la sienne. Il n'y a pas de public commun. Il n'y en a jamais eu. Il n'y en aura jamais. Chaque œuvre est une brisure inimitable. « L'art, disait Marcel Schwob, est à l'opposé des idées générales, ne décrit que l'individuel, ne désire que l'unique. Il ne classe pas ; il déclasse. »

Le danger ? Tout, n'est-ce pas un peu trop, dans une démocratie ? La culture certes n'a de sens que postulant à l'universalité. Mais justement l'universel n'est pas le tout. La totalité est indivise. La culture, et l'art, qui en forme le cœur, est divisée. En elle, l'universel ne s'atteint que singulièrement.

Le mensonge ? On sait qu'ils ne sont que quelques-uns à faire des œuvres et quelques autres à les aimer.

Du presque rien

« C'est beau. » Ce n'est ni vrai ni faux, ni juste ni injuste, ni progressiste ni réactionnaire. « C'est beau. » L'œuvre est un rien, ce qui veut dire une chose, une petite chose, mais qui est. L'art n'est pas grand-chose. Il ne peut rien, ne prouve rien. Bien plus, il le sait et ouvre les yeux à sa propre destruction. La prophétie de Hegel : « L'art est une chose du passé », est-elle en train de se réaliser sous les atteintes qu'infligent à la notion d'œuvre la politique culturelle, les impératifs du marché et, plus gravement encore, les tendances autodestructrices venant de l'art contemporain lui-même ?

Le mot *art* n'est pas totalement proscrit ou recouvert par le discours du *culturel*. Il est simplement galvaudé. On a assisté au cours des dix dernières années à une extension spectaculaire du champ des interventions culturelles de l'Etat à des activités et à des genres qui ne peuvent évidemment prétendre, sauf à ce que les mots n'aient aucun sens, au statut d'art. Extension par contiguïté : de la musique au rap, de la fresque au tag, de la littérature à la bande dessinée. Extension par bonds : la couture, l'art équestre, la cuisine, l'art forain. Grâce au ministère de la Culture, il y a désormais des *arts de la table* (et une Fête du goût pour les célébrer) ; des *arts de la mode* (et une association pompeusement dénommée Association nationale pour les arts de la mode) ; des *arts du cirque* (une Ecole supérieure et un Centre national des arts du cirque furent créés en 1985) ; un Festival des *arts de la rue* existe à Aurillac ; en 1992, ce fut le tour des *arts forains* de bénéficier de la promotion ministérielle. La mode au musée, les forains aux Tuileries, Rimbaud au Zénith, il se trouva chaque fois quelques favoris pour dire au prince que ces audaces étaient délicieuses ou publier que l'art en sortait grandi. Si encore ils le croyaient !

Quoi qu'il en soit, l'Etat, d'une main, étendit le champ des activités culturelles ayant statut d'arts (au pluriel, car le singulier serait gênant si l'on faisait une énumération : l'art de la statuaire, l'art des auto-tamponneuses, l'art lyrique, l'art du saucisson de Lyon, etc.), de l'autre, il rejeta toute référence à l'art comme distinct de la Culture. On conçoit bien qu'il fallut que l'Etat effaçât des frontons le mot *beau* et le mot *arts* pour désigner les activités dont il gardait le ministère, lorsque la liste s'en accrut de pratiques ne relevant ni du beau ni de l'art.

Mais, dès lors qu'aucune pratique sociale ne saurait être hors du culturel, l'art fut étendu si loin que se posa inévitablement dans ce nouveau contexte l'une des questions centrales de l'esthétique : qu'est-ce qui relève de l'art et qu'est-ce qui n'en est point ? Autrefois, chacun en jugeait selon ses lumières. La réponse aujourd'hui est simple : est art ce que le ministère de la Culture nomme tel. Même s'il n'a pas pour ambition de décider ce qui est « chef-d'œuvre », ce qui est « beau », notions qu'il ignore, préférant parler d'« objets », et les qualifier d'« intéressants », de « novateurs ».

Le marché de l'art contemporain est devenu, selon Anne Cauquelin, un « marché lié à la communication, et non seulement à la consommation », et l'Etat occupe une place décisive dans ce « réseau » (artistes, conservateurs, critiques, galeristes, institutions internationales) circulaire et spéculaire (la spéculation, c'est aussi cet effet de miroirs d'où le public est exclu). Le même auteur résume ainsi l'état d'un art devenu image de lui-même, dont on trouvera des équivalents dans la musique et même la littérature contemporaines : « La réalité de l'art contemporain se construit en dehors des qualités propres à l'œuvre, dans l'image qu'elle suscite dans les circuits de communication. »

Entendons-nous. Pour prendre l'exemple du *graf'art*, le statut de réalisation plastique se discute pour ces fresques colorées qui couvrent les immeubles, faites de lettres et de figures peintes à la bombe acrylique. Elles sont à distinguer du tag, simple signature infiniment répétée d'un clan, qui a autant à voir avec l'art que n'importe quel marquage de territoire. Mais est-ce vraiment au ministère de la Culture, c'est à dire à l'Etat, d'en trancher ? N'est-ce pas précisément aux lumières de *chacun*, aujourd'hui et surtout demain, lorsque le temps aura fait son tri, qu'il revient de juger ?

De façon plus générale, la montée du « culturel » comme champ et comme valeur s'est accompagnée d'un mouvement d'institutionnalisation, de marchandisation et de médiatisation du goût qui peu à peu dessaisit du jugement esthétique ceux qu'il concerne d'abord : artistes, public, critiques, pour en remettre le soin à des instances politiques au sens large, économiques et journalistiques. Où s'apprécie la cote d'un peintre ? Sur le marché, grâce aux médias, sous l'influence des musées. Ou, plus exactement, par des coteries muséales bien relayées par les faiseurs d'opinion, et liées aux marchands. Le jugement ne dépend plus du discours esthétique ni du goût des amateurs, de la valeur d'usage des œuvres, si l'on veut, mais du discours des technocrates et des marchands, des prix et de la valeur d'échange.

Selon ce processus, exactement parallèle à celui d'abstraction de la marchandise et d'absorption de sa valeur d'usage dans sa valeur d'échange décrit par Marx, est art ce que le plasticien (terme qui ne se substitue pas innocemment à celui de peintre) parvient à faire passer pour tel aux yeux de son marchand, qui parvient à le faire passer pour tel aux yeux d'un collectionneur. Au terme ultime, seul le musée donne à l'art le corps qui lui manque.

Pour autant, faut-il revenir aux anciennes académies, dépositaires de critères et de valeurs artistiques ? Cette restauration, au sens propre, serait troquer un étatisme marchand contre un étatisme régalien. La réponse est évidemment ailleurs, dans l'extension du nombre des collectionneurs et la diversification de leur appartenance. Actuellement, il existe un rapport pyramidal entre le ministère de la Culture et les artistes : une vingtaine de personnes en un seul lieu, au sommet, décident des tendances de l'art. Par des relais, la commande et la reconnaissance parviennent à la base, d'ailleurs restreinte : deux cents artistes, seuls reconnus et achetés. On assiste à une forme de ce que Francis Haskell nomme le « mécénat négatif », où l'État, par ses interventions, empêche la création. Au bout du compte, le « marché » de l'art se limite aux artistes « officiels », dont la cote est ainsi artificiellement élevée parce qu'ils ne vendent qu'aux institutions publiques ou privées, et non aux collectionneurs, tandis que ces derniers achètent d'autres peintures délaissées par les institutionnels. Il n'est pas exclu qu'apparaisse un marché dual de l'art, comme à la fin du siècle dernier, où l'art acheté au nom de la collectivité ou de l'entreprise se distingue, par un nouvel académisme, de celui que goûtent les collectionneurs privés, et que naisse ainsi un art officiel propre à la France et peu apprécié ailleurs. Un véritable marché de l'art n'existe que si le monopole qu'exercent les décideurs collectifs fait place à la multiplicité des demandes, et l'art n'est vivant que lorsque l'État s'abstient et laisse le collectionneur face à l'artiste.

Mieux vaudrait qu'en vingt lieux une seule personne choisisse l'art contemporain acheté par les collectivités publiques ou privées.

Au-delà, la multiplicité d'acheteurs individuels favorisée par l'Etat fiscal, s'il le souhaite, formerait un cercle vaste d'amateurs. On retrouverait l'équivalent de la pluralité des centres artistiques d'autrefois. Comme alors, l'indépendance des goûts serait plus favorable à la diversité des créations.

Du n'importe quoi

Mais finalement les politiques et les marchands menacent peut-être moins l'œuvre d'art que certains artistes eux-mêmes. Y a-t-il une décadence dans l'art contemporain ? Bien que j'aime la décadence, le mot (qui évoque la chute, la proximité entre les œuvres et le bas, l'humble, le périssable, l'ignoble même) et la chose (où je vois la condition même de l'art), bien que je n'aime pas du tout ceux qui la pourchassent, chantres en politique d'un ordre nouveau et apôtres en art du progrès où s'accomplirait le sens de l'histoire, je considère qu'une réflexion sur la politique culturelle ne saurait éviter une critique des formes artistiques contemporaines, et un jugement sur leur déclin.

Au sein de la création de notre temps, deux dérives en apparence contraires semblent entraîner l'art, l'une vers la communication, l'autre vers l'autisme.

Au nom de la réalité d'abord, l'art fuit ce qui le constitue depuis la Renaissance, la *représentation*.

Je prendrai l'exemple du théâtre, où l'on voit, de l'avis de tous, un grand désert d'hommes. Rares en effet sont aujourd'hui les écrivains qui écrivent des pièces. Sans être naïf au point d'espérer un Musset ou un Claudel miraculeusement nés de trente ans de subventions ministérielles, on trouvera, dans les années récentes et malgré les « aides à l'écriture théâtrale » de la direction du Théâtre du ministère, peu d'auteurs de la qualité d'un Anouilh ou d'un Giraudoux.

La crise doit bien être plus grave, mais cela ne veut pas dire que le remède apporté par l'Etat n'eut pas quelques effets aggravants. Actuellement, le théâtre semble atteint d'une de ces étranges maladies que l'on nomme auto-immunes : il ne s'aime pas lui-même et semble rejeter ses propres organes : les pièces de théâtre. Il leur substitue des leçons de choses sociales, des explications de textes littéraires ou des divertissements grossiers.

Le pire est de vouloir faire comprendre par son biais de grands problèmes de société, comme on aime à le dire. Que d'ennui à subir les affres de carrière des assistantes sociales, ou les débats pédagogiques des professeurs assemblés en conseil de classe ! Mettant en scène des adolescents pensionnaires d'un foyer d'éducation surveillée, un directeur de théâtre d'Ivry est catégorique : « Si l'on veut éviter que le théâtre meure, son seul avenir est là : les gens doivent se raconter. » Dois-je dire qu'au contraire, c'est cela qui le fait mourir : de ne plus représenter des personnages qui disent des rôles, mais des gens qui se racontent ?

Le théâtre fuit le théâtre. La scène chasse le texte. Il faut absolument représenter ce qui n'a pas été écrit pour l'être : le *De natura rerum* de Lucrèce, les *Confessions* de Rousseau, les nouvelles de Louis-René des Forêts. Encore s'agit-il là de textes, et la représentation n'est-elle pas entièrement évacuée au profit d'une simple présentation. Récemment, deux nouvelles pièces furent jouées à Paris : des fragments d'interviews de Maria Callas, un hommage à Martin Luther King.

Curieusement, au moment où le théâtre fuit ses sources, la danse prend la relève et utilise de plus en plus le texte, perdant à son tour les siennes. Ainsi, Catherine Diverres déclarait, à propos de sa chorégraphie, *L'Arbitre des élégances*, incluant des textes de Heiner Muller et de Witkiewicz : « On pourrait s'en passer, mais pourquoi bouger, si une phrase le dit mieux ? »

Le comble n'est jamais atteint, mais il est frôlé par Olivier Perrier, inventeur breveté du théâtre avec bestiaux, dont le dernier spectacle, *Des siècles de paix*, avait pour principaux acteurs une jument nommée Hirondelle et une truie répondant au doux nom de Bibi. Lui aussi veut abolir la coupure entre la scène et « les gens »; il s'agit de « faire qu'un groupe de personnes de la campagne d'Hérisson deviennent acteurs de leur propre histoire, avec leur culture, en compagnie d'animaux : cochon et cheval de trait ».

Un autre spectacle fit il y a peu les délices des « Modernes » et des « libérés », qui n'ont pas de « flic dans la tête », simplement parce que, dans la tête, ils n'ont rien. Cela s'appelait *Furia des Baus*, c'était espagnol, catalan exactement, vaguement révolté, issu de la *movida*. Les snobs radical-chic adorent tout ce qui est rouge et tout ce qui bouge ; enfin, de loin, vu sur la scène. Dans ce genre de « théâtre », le n'importe quoi s'érige en dogme de la modernité. Le principe dadaïste « Etonnez-moi ! », répété à satiété, ne produit que lassitude. « Et alors ? et après ? vous n'avez rien de plus fort ? à quoi bon ? », demande le spectateur en sortant d'un spectacle si révolutionnaire qu'il fallut un ministre de la Culture pour le sauver de l'indifférence qu'il méritait, et transformer en transgression menacée par la censure une farce de potaches où l'on fouettait à la chicotte le spectateur ravi, ou feignant de l'être, après l'avoir aspergé de déjections diverses. Délectable insanité ? Non, détestable inanité. Comment leur dire ? Comment expliquer au couple sado-masochiste de l'épateur de bourgeois et du gogo méprisé et content que le vrai théâtre de la cruauté n'est pas celui-là, mais celui de Racine ?

J'imagine les raisons de cette double fuite vers l'information ou vers l'informe. Côté public, d'une part, le goût des débats : les discussions sur l'avenir des lycées ou les hôpitaux ont évidemment une place, légitimement financée par l'Etat, dans les journaux et à la télévision ; mais pas sur la scène d'un théâtre. De l'autre, la peur de paraître sot si l'on est en retard d'une provocation, et réactionnaire si l'on n'adore pas les vieilles lunes repeintes à neuf de l'avant-garde. Côté spectacles : manque d'auteurs ? L'actuelle pénurie de grands textes n'empêche pas de rejouer les dizaines de pièces de Corneille, Marivaux, Beckett. Economies sur les décors ? Manque d'acteurs véritables ? En 1991, on vit en Avignon et à Paris une *Tempête* de Shakespeare dont tous les critiques, qu'ils l'aient louée ou non, soulignèrent que les acteurs prononçaient si mal le français qu'on n'entendait rien au texte. Peut-être est-il en effet plus facile de jouer un proviseur que Prospero, de réciter un tract que de dire Bérénice. Mais, qu'on me pardonne cette évidence, le théâtre, c'est à *dire*.

Quelles que soient les raisons, je continue de déplorer qu'au théâtre on soit aujourd'hui si rarement pris de langue, comme on dit « pris de boisson », de penser que la scène n'est ni la télévision ni le livre, et d'aimer les vraies pièces, faites pour être jouées.

Le théâtre selon Jouvet, selon Copeau, le théâtre selon le théâtre était autre chose, une chose rare que l'on retrouve chez Chéreau, Kantor ou Bondy, un texte qui parle à travers des corps. Quelque chose de plus permanent, délié de l'actualité : « Les seuls thèmes valables au théâtre [sont ceux] qui sont communs à toutes les générations depuis que le théâtre existe », disait Jouvet. Quelque chose de plus joueur. J'aime qu'il y ait une rampe, qui me redise que tout cela n'est que du théâtre, que l'acteur n'est pas le personnage, et n'est pas moi, spectateur, condition pour que je puisse croire que je suis lui, et qu'il est le personnage. Le théâtre n'est pas la vie vécue, mais la vie jouée. Illusion, faire croire, reflet. Non pas document, direct, réalité. Quelque chose enfin de plus écrit. Insistant sur la convention théâtrale, Jouvet, encore, appelait de ses vœux un théâtre « où le spirituel paraît avoir reconquis ses droits sur le matériel, le texte sur le spectacle ». Je doute que la représentation d'une salle de rédaction ou d'un couloir d'hôpital psychiatrique offre des thèmes durables.

Il est vrai, la *communication*, cette dérive qui réduit l'art comme représentation du réel à la simple présentation de la réalité, ne touche pas que le théâtre. Il est de bon ton de s'en prendre aux *reality shows* télévisés, et de regretter le temps où l'on ne voyait pas en vrai direct la vraie femme du vrai pompiste essuyer une vraie larme en déplorant la cruelle parcimonie avec laquelle son vrai mari honore son devoir conjugal, le temps où c'était dans un téléfilm joué par des acteurs qu'étaient représentés les impasses de la chair et les égarements du désir. En effet, il y a dans tout cet étalage de vrai une fausseté insupportable, et dans un dialogue écrit et interprété une vérité que seule donne la fiction. Mais qu'en est-il chez les artistes eux-mêmes ? Qu'est-ce que *Passion simple*, d'Annie Ernaux, ou *Le Protocole compassionnel*, d'Hervé Guibert, sinon deux *reality books* achevés ? Que sont les pièces de théâtre que j'évoquais à l'instant, sinon des *reality plays* ? Qu'entend-on dans le rap, si ce n'est une *reality music* où se dit sans transposition la vraie vie ? Que voit-on au cinéma, sinon des *reality movies*, dans certains films français, tranches de vie sans scénario ni acteurs, à peine des figurants droit sortis de la réalité ? Alors, oubliant les objurgations de Jack Lang à Deauville en 1981, vous fuyez vers quelques films américains qui vous disent : ce n'est qu'une histoire, pas un reportage télévisé ni une caméra cachée. Bref, si l'art était sans concessions ni compromis avec l'information ou le témoignage, le document ou le direct (l'art est toujours *indirect*), la culture se confondrait-elle à ce point avec la communication ?

Je suis prêt à soutenir qu'il y a plus qu'une coïncidence entre le déclin de la notion de représentation en politique et le refus de la représentation dans les arts de la fiction : théâtre, cinéma, roman. La Renaissance avait vu naître ensemble la réflexion sur le Prince, l'Etat, la démocratie et la chose publique, d'une part, et la théorie de la perspective, d'autre part, avec ses notions de représentation scénique, de sujet, de point de fuite. Ce fut d'un même mouvement que furent contestés radicalement la démocratie représentative et le théâtre de scène à l'italienne, avec sa séparation-représentation de la salle par la scène. C'était à l'Odéon, en 1968. Illusions ? Oui. Conventions ? Sans doute. Mais je crois qu'on ne vit pas en société sans illusions, notamment celle qui croit qu'existent des sujets libres et autonomes, ni en démocratie sans conventions, notamment celle qui sépare le souverain du gouvernant. En politique aussi, il y a des *reality shows*, des manipulateurs invoquant le réel, le direct et prétendant dire, sans médiation, la vraie France.

Finalement, peut-on tout montrer, au théâtre ? Plus de limite entre réalité et représentation, public et acteurs, humains et animaux ? « Le cochon m'autorise l'esthétique, dit Perrier, car je sais qu'il va chier là-dedans. C'est le garde-fou. » « Il est interdit d'interdire », scandait-on naguère. Au théâtre, comme ailleurs, ce « tout dire », auquel la psychanalyse mal comprise a prêté renfort de discours scientifique, aboutit aujourd'hui à un « rien dire » généralisé. En 1849, au lendemain d'une autre révolution – vraie, celle-là – où l'on ne vit pas la rue se donner en spectacle à l'Odéon, mais où, au contraire, « la place publique parodiait au sérieux la scène ; les coulisses des boulevards s'étaient retournées, et l'on avait le paradis en plein vent», comme dit Sainte-Beuve, ce bon esprit reposa la question de la censure au théâtre. Loin de moi l'idée que l'Etat devienne le gendarme des artistes après en avoir été la providence. Mais je ne suis pas sûr que le théâtre, loin d'en souffrir, ne gagnerait pas à se fixer lui-même les règles sans lesquelles il n'y a ni art ni beauté.

Mots désuets, diront les brutes et les Modernes. Mais il faudra bien que les artistes, d'une manière ou d'une autre contiennent la grossièreté croissante du n'importe quoi, la débilité immense du n'importe comment, qui, de loin, ressemble à une mer qui monte, qu'ils lui opposent enfin ce qui reste encore de digues non détruites et prêtent la main à ce tout ce qui s'est appelé jusqu'ici goût, politesse, culture, civilisation.

Au risque de paraître pédant, je rappellerai que le « je ne sais quoi » et le « presque rien » sont bien des catégories de la pensée, depuis Leibniz jusqu'à Jankélévitch. L'artiste, singulièrement, sait qu'il travaille avec il ne sait quoi, pour faire une œuvre, pas tout à fait rien. Mais quand le presque rien se confond avec le n'importe quoi, la non-pensée gagne le discours et mine l'art.

Des œuvres

La seconde menace venant de l'art et qui pourrait bien en faire définitivement « une chose du passé » est l'absence de parole adressée à l'autre. L'effacement général dans l'art contemporain de la notion de référent, la mise en question de la figuration et de la représentation en peinture, l'atonalisme en musique ont certes ouvert des champs immenses et fait entendre des langages inouïs. Mais, d'une part, ce mouvement ne fut jamais exclusif. Des compositeurs ont continué à écrire en *ut* majeur, et Schönberg lui-même réintégra des éléments de tonalité dans ses dernières œuvres. Des peintres continuèrent d'utiliser la figuration, et Pollock, après des années passées à jeter ses labyrinthes d'entrelacs noirs sur la toile blanche, laissa réapparaître, presque malgré lui, des éléments figuratifs, visages, silhouettes humaines et animales, reconnaissables dans ses toiles de

1952. Ce ne fut donc pas ce que voulaient certains dogmatiques, un progrès ascendant et cumulatif où chaque langage révoquait le précédent, comme une nouvelle loi en physique remplace l'ancienne, ou comme un décret gouvernemental « annule toutes dispositions antérieures ». (Les deux modèles, scientifique et politique, sont présents dans le mythe de l'avant-garde artistique.) D'autre part, depuis une vingtaine d'années, ce mouvement semble avoir épuisé son pouvoir, et ne produit plus qu'une sorte d'autisme artistique qui ne serait que l'illustration du principe esthétique selon lequel l'organisation formelle est une contrainte libératrice. Sans la contrainte, les espaces découverts deviennent illimités, mais vides.

L'inanité est cela : l'absence de sens résultant de l'équivalence de tous les sens possibles. Si tout ce qu'on peut dire se vaut, on ne dit rien. Une des catégories centrales de l'art occidental, en laquelle je verrais quant à moi un référent permanent de l'art, est la notion de récit temporel. Une œuvre littéraire, un tableau, une composition musicale qui ignorent la narration et ses étapes, commencement, milieu, fin, se placent d'eux-mêmes en dehors de ce que le sujet attend de l'œuvre d'art, un dévoilement du sens, fût-il interminable. Le théâtre, c'est d'abord un rideau qui se lève, puis un texte qui se dit, puis à nouveau la toile qui retombe. Or, dans certains courants de l'art contemporain, comme le montre, à propos de Pollock, Clément Greenberg, défenseur de l'expressionisme abstrait : « La surface est tissée d'éléments identiques ou presque semblables qui se répètent sans variation marquée d'un bout à l'autre. C'est là un genre de tableau qui fait apparemment l'économie de tout commencement, milieu ou fin. [...] Tous les éléments et toutes les zones du tableau sont équivalents en termes d'accentuation et d'importance. » On peut tout à fait transposer le propos à n'importe quelle œuvre musicale construite selon le sérialisme intégral, la série étant justement la contrainte d'une répétition d'éléments identiques sans variations autorisées. On retrouve ici comme là une construction affranchie du principe psychologique tension-détente, une même difficulté à savoir « quand c'est fini » et une non-hiérarchisation absolue des éléments de signification (notes de la gamme). Bref, cela ne parle pas, ne raconte rien.

Dans d'autres tendances, en musique comme en peinture, on trouva un art qui ne fut plus que l'idée de l'art, et perdit son ombre de matière. On vit peu à peu l'« œuvre » s'autonomiser presque absolument par rapport à l'objet concret, à sa fabrication (l'artisanat de l'art), à son faire (et au savoir-faire qu'il demande). Elle a rompu avec sa source, le travail de la matière, qu'on retrouve jusque dans le sens du mot *opus*. Aujourd'hui, on peut être peintre sans savoir peindre. Plus difficilement, heureusement, être musicien ou écrivain en ignorant tout des règles et des langages. Sans doute, tout n'est pas que travail dans l'art. Mais on n'a pas assez remarqué que l'une des causes de l'actuelle distance générale entre l'art et ceux qui sont ses contemporains est précisément qu'ils n'y perçoivent plus la main, l'apprentissage. Le travail n'est pas une idée « de droite ». La probité ouvrière, la « belle ouvrage » sont des valeurs à laquelle sont justement attachés les gens simples, qui, fût-ce sous la forme naïve de « combien de temps ça a dû lui prendre, de peindre ça », savent tout de même quelque chose de ce qui se travaille dans l'art : la transposition du réel.

L'objet plastique devient, au sens propre, indifférent. « Ni fait ni à faire », il se veut insignifiant, déjà produit, *ready made*. Marcel Duchamp écrivait que le rapport de l'objet à son créateur « ne se fonde pas sur l'attrait exercé sur celui-ci en fonction de son goût, mais sur l'indifférence, la neutralité, c'est-à-dire sur un absentéisme esthétique total, une absolue "anesthésie" ». Autrefois, le collectionneur avait « un œil », il achetait ce que son regard jugeait assez beau pour en soutenir la vue jour après jour, car il vivait parmi sa collection. L'art du Quattrocento, Baxandall l'a montré, est né d'un regard. Aujourd'hui, en France, la demande étatique s'est substituée à la commande sociale et la mise en vue prend la place d'une absence d'œil. Le mécène d'Etat fait acheter des œuvres pour les musées, ou leurs réserves, il ne les fréquente pas et le public guère plus. Aussi, la chose montrée, commentée, acquise n'est de plus en plus qu'une idée d'objet, un pur support de la signature de l'artiste, comme lorsque Rauschenberg décida d'exposer son édredon maculé de peinture (*Le Lit*, New York, Museum of Modern Art). Parfois, la chose n'est que cette signature. Signatures de série, comme on dit voitures de série, les rayures de Buren, le bleu de Klein sont plus que des procédés, ils sont l'œuvre elle-même, réduite à la publicité du nom de l'artiste. Il faut qu'on le reconnaisse ; il faut donc qu'il se répète. Changer, innover, ce serait perdre le contact avec la demande, pas plus qu'un constructeur automobile ne peut changer de marque sans désorienter le réseau des concessionnaires et des acheteurs. Signature unique, Rauschenberg encore, en 1953, prit un dessin de De Kooning, dépensa un mois et quarante gommes pour l'effacer entièrement et présenta la feuille abîmée et salie, mais *signée*, sous le titre *Erased De Kooning Drawing*. On retrouve ici le tag, signature sans œuvre. Il se pourrait d'ailleurs que le taggeur répétant la fièvre de son nom ou de celui de sa tribu sur tous les murs ne fasse qu'incarner ironiquement le stade suprême du processus par lequel l'art rêva sa propre destruction.

C'est d'ailleurs une des dimensions notables dans l'art contemporain, qu'il s'agisse de l'art d'élite ou de l'art de masse, que la cassure du lien entre la notion d'auteur et la notion d'œuvre. Tantôt le nom de l'auteur prime absolument : on connaît plus le nom de Boulez que celui d'une de ses rares œuvres ; tantôt l'auteur se fait collectif ou anonyme : en peinture, la notion de *groupe* (« les Malassis », « Support/surface », etc.) a remplacé depuis longtemps celle d'*école*, et, dans le rock, le groupe est l'auteur d'une musique en actes qui dissout les notions d'œuvre et d'interprétation. Enfin, dans les formes les plus anonymes : graffiti, rap, les deux notions d'œuvre et d'auteur n'ont plus aucun sens.

Faut-il s'étonner que, pour regarder ce rien, il ne se trouve personne ? Il y a tout de même une logique dans l'éloignement du public par rapport à une partie de l'art plastique de son temps. Autiste, indifférente à sa propre matérialité d'objet comme à son propre sens, faite dans l'indifférence par un artiste indifférent, l'œuvre, ou ce qui en tient lieu, ne suscite dans le public qu'une immense indifférence.

Des vanités

On débat gravement. Le déclin de l'art contemporain en France aurait-il quelque lien avec l'irrésistible ascension d'un ministère de la Culture ? Le discrédit jeté sur l'Etat culturel ne se tromperait-il pas de cible ? N'y aurait-il pas d'abord un discrédit sur la culture et l'art, dont le ministère ne pourrait que subir les effets en tentant de les atténuer ou de les contrecarrer ?

Faire d'une part le constat d'une crise de l'art contemporain, comme j'ai tenté de le faire, et de l'autre celui d'un essor des politiques culturelles étatiques ouvre trois types de réflexion possibles.

Soit, considérant que l'art ne saurait modifier les phénomènes politiques et sociaux ou être modifié par eux, on se refuse de rapprocher les deux éléments, et le problème est réglé, puisqu'il n'est pas posé. Soit on veut expliquer l'état de l'art par l'existence d'un art d'Etat. Mais, alors, on ne pourrait rendre compte d'un déclin général des formes artistiques par ce qui n'est que l'exception française d'un ministère de la Culture. Et, surtout, on aurait tort de reprocher à Jack Lang ce qui n'était pas à sa portée et de n'avoir pas créé un Rimbaud contemporain, bien qu'il en eût il est vrai caressé la prétention : « Quelles chances notre pays, quelles chances notre législation, quelles chances notre organisation sociale donnent-ils à un nouveau Balzac, à un nouveau Rimbaud, à un nouveau Proust ? », déclarait-il en 1981. Ce serait croire que Michel-Ange fut créé par Jules II.

Mais, qui pense que le prince *fait* l'artiste, sinon le prince, justement ? Et surtout le prince qui fait l'artiste en un autre sens, comme on fait l'ange ou la bête ? L'Etat peut aider la création, prétendent ensemble ceux qui reprochent au ministère de la Culture de ne pas l'avoir fait, et le ministère lui-même, qui affirme vouloir et pouvoir le faire. Un ancien directeur de la musique, Maurice Fleuret, ne déclarait-il pas : « J'ai multiplié par six les crédits à la création sans arriver à susciter l'efflorescence que j'espérais » ? Il faut tout de même juger les résultats à l'aune des intentions, et évaluer les discours à la lumière des pratiques. Si les aides à la création ne se jugent pas selon les œuvres – ou l'absence d'œuvres – créées, il faut les débaptiser. Si elles n'aident pas, et ne peuvent pas aider, je crois, à l'apparition de formes d'art ou d'artistes de première grandeur, il faut les supprimer.

Enfin, si l'Etat n'a pas le pouvoir de faire naître de l'art et des artistes, il peut par son rôle pernicieux encourager le non-art et les non-artistes à perdurer. Je ne dis pas que moins de subventions à l'élevage des cochons sur les scènes publiques feraient naître les Molière ou les Adamov qui manquent à notre théâtre, étouffés qu'ils seraient par le nivellement des visées artistiques ministérielles. Je constate qu'il y a concomitance entre le toujours plus des aides et le n'importe quoi de ce qu'elles aident à monter et à montrer.

Mais il est une troisième façon d'articuler misère de la culture et splendeur de ses courtisans et de son ministère. D'habiles défenseurs de la politique culturelle française ont répliqué aux critiques de l'Etat se mêlant de Culture en leur opposant les critiques de la chute de la culture dans la barbarie. Il n'y a pas trop de ministère, disent-ils, il n'y a pas assez d'art et d'artistes vrais. Plus de vraie littérature, de théâtre, de grands peintres ? N'accablons pas les « aides à la création », trop fortes, mais les créateurs, trop faibles. Le ministre de la Culture n'est tout de même pas responsable des grands romans qui ne sont pas écrits. En revanche, les artistes, par leur vacuité, ne sont-ils pas responsables de la vanité de leur ministère ?

Tout n'est pas faux dans cette élégante défausse sur la société civile des tares de la société de cour. Vide de certaines formes artistiques contemporaines, vanité de notre ministère de la modernité heureuse, les deux mouvements se renforcent l'un l'autre. On vit même certains idéologues justifier d'une même plume la « démocratie acoustique » de John Cage attaquant d'un point de vue anarchiste la tonalité, insupportable hiérarchie entre les notes, afin de promouvoir une introuvable démocratie *dans l'art*, et défendre par ailleurs, mais comme s'il s'agissait d'une même chose, le principe juste d'une démocratisation de l'*accès* à l'art. L'art ne peut pas plus s'affranchir des inégalités, fractures ou tyrannies internes à l'œuvre, qui n'est qu'une construction de valeurs fortes ou faibles, comme on dit en peinture ou en musique, que de la valeur et du jugement esthétique externe qui lui aussi hiérarchise et différencie.

De même, la promotion par les politiques et les fonctionnaires du *tag*-expression sociale en *tag*-art n'aurait pas été possible sans une autre confusion faite auparavant au sein de l'art le plus reconnu lui-même, et par des artistes. L'idée d'un art naturaliste, d'une culture naturelle, vient de l'*art brut* et des tendances qui accordent un primat à l'authentique, à l'immédiat, à l'inspiré, à l'impulsion ou à l'expulsion. Après tout, ce n'est pas un ministre ou un fonctionnaire des arts plastiques qui dit que « l'artiste nouveau ne peint plus, mais crée directement », mais un artiste, Tristan Tzara.

Il faudrait donc retracer entre le ministère et certaines tendances de l'art contemporain des liens réciproques, l'action sans principes du premier accélérant la décadence du second. (Au mot de *décadence*, je substituerais celui d'inanité, car la décadence signifie.) Mais, en retour, l'inanité de certaines formes contemporaines gagna les politiques publiques en convainquant ceux qui en avaient la charge que décidément tout se valait.

L'inanité est un mécanisme de pensée propre à la schizophrénie, et qui n'est pas le refoulement, l'interdit, l'oubli. Idées, souvenirs, sentiments ne sont pas mis à l'écart ou détruits, ils n'ont simplement pas de sens, ou bien tous les sens possibles. C'est ainsi que vit le monde de la Culture, où rien ne laisse de trace, où ni le passé ni l'avenir ne servent à penser l'actuel, où la tradition n'est plus la mesure de la modernité et où le neuf a rompu avec le mémorable. La Culture n'est pas l'oubli de l'art, c'est son annulation.

Si l'art était plus dans l'art, il serait moins au ministère de la Culture. S'il n'avait pas perdu sa vocation, qui n'est pas de communiquer, mais de signifier, pas d'exhiber la réalité, mais de dévoiler le réel, il donnerait moins prise aux fonctionnaires, aux bateleurs et aux politiciens.

Pour conclure ce débat, il serait plus juste de dire que le ministère de la Culture n'a fait qu'aggraver le désarroi des artistes en leur emboîtant le pas sur le chemin aride de la perte de sens et parfois du n'importe quoi. Au terme de ce processus, les arts ont le ministère qu'ils méritent, comme le ministère a les artistes qui le justifient. Mais qui cela gêne-t-il, que l'art divorce d'avec le sens, la forme, le beau, qu'il ne dise plus rien à personne, qu'il n'y ait plus d'œuvres ni de public, du moment qu'il y a encore des artistes et des politiques, et qu'ils continuent de se soutenir les uns les autres : une subvention contre une signature au bas d'un manifeste électoral ?

Des seuils

Le ministère de la Culture, un mal nécessaire ? Le goût des princes pour les artistes – plus que pour l'art – serait-il une fatalité française ? Ou bien s'agit-il de la maladie moderne de la communication, une illustration de l'inéluctable dérive qui, dans la culture comme ailleurs, tend à prendre le moyen pour la fin et à réduire le message au médium ?

En juin 1992, fleurit dans les couloirs du métro une belle affiche annonçant la saison du Théâtre de Gennevilliers, dessinée par une décoratrice italienne de grand talent : d'un vert délavé, elle s'inspirait du style graffiti à la mode. Mais elle avait la particularité d'être totalement illisible. Qu'importe, semblait-elle dire, que le public veuille savoir ce qu'on lui propose à l'enseigne d'un centre dramatique national. Les gros centres subventionnés n'ont sans doute de comptes à rendre qu'à leur ministre de tutelle, et mieux vaut une connivence avec un chef de bureau qu'on tutoie à la Direction du théâtre que quelques centaines d'abonnés payants. Plus il est subventionné, plus le théâtre public risque de perdre le contact avec le public. A moins que ce ne soit l'inverse. Le public se trompe souvent, sans doute, mais que penser, quand des pièces se jouent devant le non-public des « exonérés » : professionnels, critiques et fonctionnaires, cet entre-soi d'où est exclue toute sanction de la bêtise ou de la prétention ? La subvention a réussi à inverser le rapport normal entre le spectacle et le spectateur, que Molière résumait ainsi : « faire rire les honnêtes gens ». Désormais, avec un seul spectateur qui compte, l'Etat, on peut se contenter de faire rire, ou pleurer, ou faire peur, au ministre ou à son représentant. C'est prendre le moyen pour la fin, confondre le seuil et la maison.

Prenons deux autres exemples. La pyramide focalisant l'accès du Louvre est souvent prise par les touristes comme but de visite en soi. Ils s'étonnent même que l'accès en soit gratuit, et que seule l'entrée dans le musée soit payante. Une bonne part d'entre eux, contents de l'aubaine, s'en vont vers d'autres seuils, d'autres signes de la visite culturelle obligée. D'autres finissent par entrer dans le Louvre, presque par inadvertance. Au centre Beaubourg, c'est le *logo* lui-même qui atteste cette prééminence du signe sur le sens : le bâtiment et son contenu, Musée d'art moderne, bibliothèque, expositions, sont symbolisés par l'escalier extérieur. Désignation d'ailleurs exacte de la portée réelle de la visite pour l'essentiel des visiteurs innombrables du Centre, qui se contentent d'en gravir les escalators et d'admirer le panorama de Paris au dernier étage. Là, un arrêt photo, pour se dédommager de ce qu'on n'a pas vu au musée. Puis on redescend, et l'on va comparer escalade, point de vue et photos à l'Arc de Triomphe.

Dans les deux cas, les seuils, les lieux de passage sont devenus les chambres, et l'art n'est qu'un sous-produit du bâtiment destiné à l'abriter. Le visiteur n'est même pas un passant, ce qui suppose flânerie et désir, mais un touriste accomplissant les étapes obligées du parcours du combattant culturel.

Des images

Au seuil des églises, on vend des images pieuses. Il arrive qu'on s'en contente et reparte muni des signes du divin sans fouler plus avant les dalles du temple. La pyramide du Louvre, l'escalator de Beaubourg, le dossier Toulouse-Lautrec, le numéro spécial Mozart sont des images pieuses. Lors de l'« année Rimbaud », on vit même le ministre de la Culture glisser en Conseil des ministres sous le maroquin de ses collègues un petit poème, au cas où ils n'auraient jamais ouvert *Les Illuminations,* geste qui aurait sans doute fait venir au poète maudit de Charleville, s'il eût été témoin et non victime d'une telle canonisation, des souvenirs de classes où l'on se refilait entre potaches des images de missels ou des photos de bordel.

Mais le dilemme de toute image est que, si on ne la voit pas, ce qu'elle montre reste inexistant, mais que, si on la regarde, elle tient lieu de ce qu'elle représente. La visibilité tue le voir. Il en va ainsi de la médiatisation de la culture. Si on ne parle pas d'un spectacle dans la presse, il n'existe simplement pas. Mais, si on en parle, on en dispense ceux qui ne souhaitent pas le voir, juste en causer. Combien se contentent de parcourir le missel des fidèles, je veux dire *L'Officiel des spectacles*, et ne fréquentent jamais la messe ? Expositions qu'on ne visite que pour les avoir « faites », livres qu'il faut avoir lus, qu'on achète et n'ouvre point, concerts où l'on ne se rend pas pour entendre, mais pour raconter qu'on a entendu – combien de fois même les pratiquants ne pratiquent-ils que les rituels de la Culture ?

La comédie de la Culture, malgré ses efforts pour amuser la galerie, n'évita ni la farce ni la grossièreté. A vouloir dire tout et son contraire, elle se perdit dans l'insignifiant. Comme tout spectacle donné seulement pour divertir, il montra trop pour laisser voir. Ouvrons les yeux, que la Culture fatigue, au point de les fermer parfois (ces insoutenables processions d'aveugles, qui jamais ne *regardent* un tableau dans les musées). Soyons plus regardants, au deux sens du terme, et retrouvons les images que nous cachent le visuel. Finalement, le ministère de la Culture fut peu regardant. Voyeur, un peu. Visible beaucoup. Voyant passionnément. Il a donné à voir, sans discrimination, mais pas à regarder. On aurait tort de le lui reprocher. On ne donne pas à regarder, parce que le regard est désir et qu'on ne donne pas un désir.

III
Le public

Il y a beaucoup de choses que nous ne savons pas, en nombre presque insupportable, et les raisons de se plaindre et de désespérer sont légion. Mais il faut sans doute qu'il en soit ainsi, et notre devoir restera de continuer aussi longtemps que durera la dernière heure de ce monde de l'esprit, à la remplir de nos images humaines, si lourdes de deuil qu'elles soient, si certaines de leur agonie, si monologiques ou hybrides. C'est à l'opaque situation où se trouve l'esprit dans notre monde, à l'attitude indifférente que nous sommes obligés d'adopter à son égard, que s'appliquera ma dernière phrase en prose... «Tu réponds d'empires inexplicables dans lesquels il n'y a pas de victoires.»

Gottfried Benn

Des chiffres

Quels sont les résultats culturels de la politique du même nom ? La croissance des interventions publiques a-t-elle contribué à étendre la familiarité d'un plus grand nombre, sinon du plus grand nombre, avec les œuvres d'art ? On peut débattre des *modalités* ou des *conséquences* des actions de l'Etat pour rendre les œuvres de l'art accessibles, mais on ne saurait contester le *principe* même de ces actions portant des noms divers et discutables : démocratisation, vulgarisation, éducation artistique. Les Etats démocratiques doivent démocratiser l'accès à la culture, sans démagogie ni concessions sur le contenu. S'ils ne le font pas, ou mal, il doivent rendre compte de cet échec.

Le bilan à cet égard se résume en quelques chiffres extraits d'une étude officielle publiée par le ministère de la Culture en 1990 : *Les Pratiques culturelles des Français, 1973-1989.*
Un mot de la méthode. La culture, ça ne se mesure pas, ça s'éprouve ; ainsi certains récusent-ils ce type d'approche sociologique. A quoi il est évident de répondre que, si en effet on ne mesurera jamais ce que vous fait la lecture de Proust, on mesure bien le nombre, l'appartenance de classe, de sexe et d'âge de ceux qui disent l'avoir lu, et l'évolution de ces données. Il s'agit, dans la *politique culturelle*, d'évaluer non la culture mais la politique. Par ailleurs, afin d'éviter le trouble entretenu par des statistiques qui confondent les genres et les valeurs, je m'en tiendrai aux seules « pratiques »

129

relevant pour l'essentiel de l'art. Enfin, que sous une « pratique de lecture » globalement en déclin, soient indistinctement rassemblés SAS et Proust n'invalide pas, mais renforce, le constat d'une crise de la culture et d'un échec de sa démocratisation.

Le constat, maintenant. Il y eut bien baisse de fréquentation, dans certains domaines en tout cas, notamment *le cinéma*, qui a perdu en dix ans la moitié de ses spectateurs, et les deux tiers pour les films français, objet pourtant de toutes les sollicitudes étatiques. Directement, par les aides du Centre national du cinéma, ou indirectement, à travers les détaxations dont bénéficient les SOFICA, l'Etat est le principal financier du film français. Jamais autant d'argent n'a été investi (pour s'en tenir aux crédits budgétaires et au « compte de soutien », 371 millions de francs en 1980, 1 738 millions de francs en 1990), tandis que la fréquentation tombait de 110 millions d'entrées en 1981 à 34 millions aujourd'hui. Au même moment, le cinéma américain, intellectuellement honni par un ministre qui ne dédaigne pourtant pas de se faire photographier avec ses stars, ne s'est jamais mieux porté en France : 60 millions de spectateurs en 1981, 70 millions aujourd'hui !

Même déclin s'agissant du *livre*. Globalement, certes, les statistiques témoignent d'une stagnation, non d'une régression. En 1973, 70 % des Français déclaraient avoir lu au moins un livre dans l'année, le chiffre atteignit 74 % en 1981, mais ne progressa plus et restait le même en 1988. En revanche, les forts lecteurs (plus de 25 livres par an) ne représentaient que 22 % de la population en 1973, 19 % en 1981 et 17 % en 1988. Quant à la démocratisation en termes qualitatifs, on constate que le nombre de personnes appartenant aux catégories employés et ouvriers déclarant avoir lu au moins un livre a constamment diminué au cours de la période. Une enquête dans vingt-six universités françaises publiée en 1992 fait état de la baisse massive de la lecture chez les étudiants. Les optimistes estimèrent que les étudiants lisaient moins, les pessimistes, qu'ils ne savent plus lire, au vrai sens du terme. Recul de la lecture dans les classes moyennes et populaires, recul chez les jeunes, recul chez les hommes, recul chez les étudiants, ces évolutions ne furent pas compensées par la progression chez les plus de 60 ans et chez les femmes.

Au total, 30 % des Français n'ont lu aucun livre dans l'année, exactement comme en 1973.

S'agissant de *la musique* et de *la danse*, en 1973, il y avait 7 % des Français qui déclaraient être allés au concert une fois au moins dans l'année écoulée, en 1981, toujours 7 %, et, en 1988, 9 %. Les pourcentages pour la danse sont respectivement de 6 %, 5 % et 6 %, et pour l'opéra de 3 %, 2 % et 3 %. Le pourcentage de Français écoutant le plus souvent de la musique classique a progressé de 7 % en quinze ans, ce qui est faible, et la composition de ce public n'a pas évolué et se recrute toujours dans les mêmes catégories : diplômés de l'enseignement supérieur, cadres et professions intellectuelles.

Pour le *théâtre,* les chiffres ne sont guère plus encourageants : 60 % des Français n'y sont jamais allés de leur vie, 15 % déclarent avoir vu un spectacle dans les cinq dernières années et 7 % au cours de l'année écoulée.

S'agissant des *arts plastiques* enfin, le nombre et l'appartenance sociale des Français qui fréquentent les musées n'ont pas davantage varié : 15 %, 14 % et 16 % pour les mêmes années, recrutés dans les mêmes catégories aisées que les lecteurs et les auditeurs de musique. Si la fréquentation globale des expositions a augmenté, c'est dû essentiellement aux étrangers toujours plus nombreux et qui représentent aujourd'hui les deux tiers des visiteurs du Louvre.

Au total, aujourd'hui comme en 1973, 76 % des Français n'ont jamais assisté à un spectacle de danse, 71 % à un concert classique, 55 % à une représentation théâtrale, 51 % à une exposition de peinture.

Le rapport du ministère de la Culture lui-même conclut en parlant d'« échec de la démocratisation » à propos des « pratiques » constituant le noyau dur de la culture classique (sortir au théâtre, au concert classique ou à un spectacle de danse, visiter une exposition, un monument historique ou un musée), noyau que les acteurs de la vie culturelle des années 1960 s'étaient justement proposé de démocratiser en s'attaquant aux obstacles matériels (inégalités spatiales de l'offre, prix des places) qui entravaient l'accès du plus grand nombre.

Ce constat global d'échec requiert qu'on en interprète les causes politiques ou techniques, qu'on en précise la nature sociale et qu'on en tire les conséquences idéologiques.

Sur le plan des *causes*, ces exemples montrent que les politiques culturelles publiques sont entrées dans des phases de rendements décroissants. Ainsi, le triplement du budget de la musique et de la danse entre 1981 et 1991 n'aurait-il provoqué, au lieu d'un triplement des pratiques musicales et chorégraphiques des Français, qu'une augmentation plus faible, ceci serait déjà un signe d'échec relatif. Après les politiques de santé et les politiques éducatives, les politiques publiques en matière d'art et de culture sont dans cet état paradoxal où plus d'argent ne se traduit pas par plus de prestations. Ainsi, au gonflement de l'« Etat musical » répond la stagnation de la France musicienne.

S'agit-il seulement d'effets d'échelle ou de gaspillage ? On semble assister dans un certain nombre de cas (fréquentation des orchestres subventionnés, des théâtres et des festivals lyriques, comme Aix-en-Provence, des concerts de l'IRCAM, etc.) à une situation d'effets pervers dans laquelle la croissance des crédits s'accompagne, si elle ne l'engendre pas, de *moins* de fréquentation, de moins de culture.

Pour poser autrement la question : où donc est passé l'argent public mis dans la culture, budget qui est passé de 4 milliards de francs en 1981 à 14 milliards de francs en 1993 ? Du côté de « l'offre », incontestablement. Trois facteurs : la prolifération d'une para-administration culturelle, la multiplication du nombre d'artistes ou de supposés artistes aidés, et, surtout, l'explosion des cachets et des coûts artistiques.

Qu'il s'agisse des grands centres dramatiques ou des orchestres symphoniques de région, le mouvement fut, à quelques exceptions près, le même depuis dix ans :

– stagnation du nombre des spectacles créés et baisse du nombre de spectateurs (ainsi, pour les centres dramatiques nationaux, 99 créations en 1981-1982 et 83 en 1988-1989, soit respectivement 4 937 et 4 837 représentations) ;

– augmentation constante des crédits accordés (pour les mêmes centres, ils ont triplé entre 1981 et 1989, passant de 84 à 250 millions de francs, soit en francs constants un quasi doublement) ;

– explosion des coûts expliquant l'écart entre ces tendances contraires (le coût de production d'un spectacle a doublé, celui de son exploitation, triplé).

Pour la musique, un cachet de chef d'orchestre, par exemple, est passé de 10 000 à 60 000 francs par concert, et un cachet de metteur en scène, pour une production d'opéra, de 50 000 à 300 000 francs, voire 700 000 francs pour les plus élevés. Pour le cinéma, même évolution : le coût moyen d'un film a doublé au cours des cinq dernières années. Si l'on rapproche le triplement des cachets des grandes vedettes (qui peut atteindre 8 millions de francs pour un film) et la division par trois du nombre de spectateurs, phénomènes concomitants depuis 1981, on conclut qu'il faut aujourd'hui neuf fois plus d'entrées pour amortir les cachets des grandes productions.

Sur le plan *social* proprement dit, en quinze ans de politique volontariste, le nombre de participants réguliers n'a pas bougé. Ces pratiques ne se sont pas diffusées plus largement dans le public et demeurent occasionnelles pour la grande majorité de ceux qui s'y livrent. La composition sociale des familiers de la culture est restée rigoureusement identique depuis 1973.

Plus gravement, on conclura de ces constats que le financement étatique de la culture, comme celui des dépenses de santé ou d'éducation, d'ailleurs, opère ce qu'il est convenu d'appeler une redistribution *négative* par rapport aux revenus, puisque la ressource est prélevée sur tous, riches et pauvres (avec la progressivité faible de l'impôt français), alors que la dépense culturelle bénéficie principalement aux titulaires de revenus élevés, et est non seulement proportionnelle, mais fortement progressive par rapport au revenu.

Toutefois, il serait injuste d'accabler le ministère en lui imputant des échecs qui ne sont que la traduction d'évolutions sur lesquelles il n'a pratiquement pas prise. Que la lecture étudiante régresse au point que le ministère de l'Education lance une « mission pour la lecture dans les universités » en 1992, ou bien que le chiffre d'affaires de l'édition ait diminué de 2 % en francs constants en 1991, c'est certes déplorable, et lourd d'effets pour l'ensemble du savoir et des arts. Mais ce recul relève de tendances longues. La prédominance de l'image sur l'écrit dans les sociétés de communication résulte de facteurs technologiques, sociaux et culturels au sens large, par rapport auxquels l'action administrative n'a qu'un pouvoir d'inflexion très marginal. De même que la crise de la création ne pourrait lui être principalement comptée à charge, de même la réception de l'art par un public qui se restreint ne saurait sans mauvaise foi être imputée directement au ministère de la Culture.

Pas davantage l'essor observé dans le cas de la musique, du moins pour ce qui concerne les musiques populaires, l'écoute musicale et le marché du disque rock, non en ce qui concerne les concerts classiques, ne saurait être mis à l'actif de la politique culturelle, tant il résulte lui aussi de facteurs économiques, générationnels et technologiques.

De l'idéologie

Les défenseurs du ministère ne manquent pas de spéculer sur ce qui se serait passé s'il n'avait été là pour freiner ces mouvements sociaux de désaffection par rapport à la culture. Nous n'en savons et n'en saurons jamais rien. Ce que nous savons, en revanche, c'est que le ministère se vante au contraire d'avoir été le levier d'un nouvel essor culturel. De fait, le problème concerne au premier chef les conséquences *idéologiques* de l'échec de la démocratisation. Alors que personne n'accusa le ministère d'une relative déculturation, ce dernier n'a cessé de se targuer d'une montée de la culture. Il a dépensé beaucoup, avec peu de résultats, mais il a « communiqué » davantage encore. De ce brouillage idéologique au moins il peut être tenu pour responsable. Musil, déjà, parlait de « l'étrange mensonge de l'Etat qui prétend n'être là que pour permettre le divin épanouissement des Sciences et des Arts ».

Pourquoi ce besoin, moins de faire, que de faire-savoir ce qu'on fait, voire de faire croire à ce qu'on ne fait pas, l'effet d'annonce dispensant de toutes mesures réelles ? Le ministère de la Culture, et c'est là au moins un succès, a réussi à donner aux politiques un peu de la légitimité que ne lui assurait plus, en ces temps de libéralisme, son désengagement de l'*Etat économique*, et tenta de combler les lacunes criantes d'un *Etat-providence* de moins en moins capable de réduire détresses et inégalités.

Mais, de cette juxtaposition entre un discours culturel omniprésent appuyé sur des moyens matériels considérables et des résultats médiocres, on peut proposer deux interprétations. Selon la première, ce serait une contradiction féconde entre le superficiel et le profond, l'événementiel des « fêtes » et l'accroissement des budgets des grosses institutions démontrant leur complémentarité. Il faut des « fêtes » pour attirer l'attention et l'intérêt de tous vers la culture. Seraient-elles donc le « plus » médiatique qui valorise une action de longue haleine, ou bien l'alibi qui dispense de l'entreprendre ?

Je crains qu'il n'y ait pas juxtaposition, mais opposition, le discours effaçant le peu d'efficacité des actes. La multiplication d'événements festifs et festivaliers aboutit en fait, sous l'activisme de surface, à une inaction durable. Certes, le ministère de la Culture n'est pas celui de l'Education, même si l'un et l'autre ont été depuis quelques mois confiés au même ministre. Mais si ce n'est pas le même ministère, c'est le même Etat qui, d'un côté, prétend développer la Culture et, de l'autre, laisse se défaire les enseignements qui en sont l'indispensable condition d'accès, qui produit des manifestations artistiques tandis qu'il ne divulgue pas les apprentissages qui leur donnent sens. La Fête de la musique n'a jamais amené personne dans les conservatoires, là où l'on acquiert les connaissances musicales. Jack Lang est d'ailleurs logique, qui préfère se faire téléviser lançant cette fête avec Michel Sardou que visiter les conservatoires de région, où les caméras ne vont pas. Mais cette logique n'est ni celle de l'Etat, ni celle de la culture.

La politique culturelle aura été conçue et menée essentiellement *pour qu'on en parle*. Elle n'a pas mis la culture au premier rang des préoccupations politiques, elle a fait du *mot* culture un mot-valise, commode et creux comme sont les valises. Il n'est pas jusqu'au président de la République, dont on dit pourtant qu'il est lettré, qui ne finit par souscrire à cette approximation : « Tout est culture, en fin de compte. Jack Lang avait raison », confie-t-il dans sa *Lettre à tous les Français*.

Pendant ce temps, la culture réelle des Français réels est allée en raison inverse de sa médiatisation. Plus on en parle, moins on en fait. Ou plutôt, parce qu'on fait tout de même quelque chose, moins ce qu'on fait est conçu pour satisfaire l'obligation démocratique. C'est sans doute que celle-ci ne va pas de soi.

Du capital

« L'art est un luxe », serinait Flaubert. Culture pour tous ? N'y a-t-il pas, dans ces mots, au mieux une illusion, au pire un mensonge ? Sur ce constat que jamais, nulle part, l'art ne fut l'affaire de tous, on plaqua une analyse infondée. De Bourdieu, la gauche culturelle, qui en a entendu causer plus qu'elle ne l'a lu, ne retint pas le constat sociologique juste que l'artiste, son œuvre et son public n'apparaissent pas par génération spontanée, mais dans les conflits et les luttes d'intérêts, et que les « règles de l'art » et le goût de l'art sont acquis et maîtrisés à travers des institutions et des savoirs. Même si l'affirmation que dans l'art « tout est social » est aussi abusive et totalitaire que les « tout est politique », « tout est psychanalytique » ou « tout est économique » de naguère. Comme souvent, on retint de son discours moins ce qu'il dénotait que ce qu'il connotait, c'est-à-dire que le savoir n'était pas une chose qui se puisse désirer et qu'on doive acquérir, non pour dominer, mais pour n'être pas dominé. Bourdieu devint donc l'increvable surmoi fouaillant la culpabilité de ceux que leur origine de classe - mais pas seulement, leur effort intellectuel aussi - avait dotés du fameux *capital scolaire*. Pour dire le lourd fardeau de l'homme cultivé, et la culpabilité que ces analyses ont fini par ensemencer dans l'esprit des dirigeants et des faiseurs d'opinion, on a un mot tout trouvé, *élite*, et ses dérivés, *élitaire*, *élitiste*. Au passage : pourquoi ce capital-là, inégalement réparti en effet, suscite-t-il tant de belles paroles et de macérations masochistes, et pas l'autre capital, le financier, l'immobilier ? La culture semble le seul domaine où les privilégiés ont scrupule de l'être. Ailleurs, on ne parle plus de politiques « populaires ». Mais, pour la culture, haro sur la « reproduction sociale ».

136

Est-ce une contradiction, ou une concordance, voire un alibi, que cette chasse affichée aux privilèges culturels accompagnant un renforcement des privilèges sociaux ? Deux faits dont la concomitance étonne. D'une part, la gauche socialiste parvenue au pouvoir se convertit au libéralisme économique, s'accommode de l'inégalité croissante des revenus et se résigne au programme de Guizot : « Enrichissez-vous ! » D'autre part, avec des mots d'ordre contraires à ceux qu'elle applique sans les afficher dans le domaine économique et social, elle intervient de plus en plus dans la culture où elle les affiche sans les appliquer. « Plus d'Etat », « plus de "populaire" ».

Crée-t-on un opéra, qu'on le justifie aussitôt auprès d'électeurs-contribuables qui n'en demandent pas tant, et préféreraient qu'on ne les paie pas de mots : il sera « populaire ». Parler d'« opéra populaire », en supposant une immense demande inexprimée et captive parmi les exclus du Palais-Garnier, n'était que démagogie. Les « masses », comme on aimait à le dire en d'autres temps, ne rêvent pas d'opéra, pour une raison très simple qui ne tient pas au prix des tickets et ne se règle pas en coulant du béton place de la Bastille : elles n'en ont aucune envie. Et elles n'en ont aucune envie parce qu'on ne leur en a pas donné l'envie, parce que pendant des générations, pour des raisons tenant à l'histoire économique et sociale, et au mode de constitution de la sphère esthétique, on leur a fait croire qu'elles n'y avaient pas droit.

Installe-t-on la septième chaîne de télévision à la place de la cinquième, aussitôt on s'en excuse : « Promis, juré, pas d'élitisme. Ce ne sera pas une chaîne de télévision pour intellectuels parisiens. »

La gauche ne parla-t-elle de culture « populaire », de « fête », que pour faire oublier son impuissance ou son inaction pour réduire les écarts de revenus et plus encore les écarts dans l'habitat ? Touchante attention de se souvenir qu'il y a des classes sociales uniquement pour justifier 1 % du budget de l'Etat. Cependant, les privilèges culturels, qui, contrairement aux autres, n'enlèvent rien à personne, ne sont évidemment pas les plus choquants.

L'ennui est que la thèse « bourdivine », qui décrit assurément une part de la réalité, le fait sur un mode tautologique : la domination domine. Appliquée à la culture contemporaine, elle est théoriquement intenable et sociologiquement fragile. Mais elle est partagée par les démagogues et les élitistes.

D'un côté, on déclame la démocratisation de la culture, on acclame les cultures marginales, on clame populaire un opéra, on se réclame de « l'élitisme pour tous » de saint Vitez, forte pensée évoquant irrésistiblement les villes à la campagne d'Alphonse Allais. Après avoir feint de croire que l'art pouvait s'emparer des « masses », on rêve que les « masses » s'emparent de l'art. De l'autre, on se récrie que la culture n'est plus ce qu'elle était, avec le regard de désespoir que porte Proust sur le faubourg Saint-Germain, devenu une douairière gâteuse et ne répondant que par des sourires timides à des domestiques insolents qui envahissent ses salons, boivent son orangeade et lui présentent leurs maîtresses.

Les compères s'entendent pour se déguiser en adversaires. Elitiste est le repoussoir que la gauche se donne pour masquer son populisme ; populaire, rétorque la droite pour cacher son aristocratisme.

A la racine de ces deux conceptions, une seule erreur : considérer la culture comme *un bien* (de consommation ou de capital) susceptible d'une appropriation plus ou moins égale par les classes sociales. Cette erreur porte un nom chez Marx : « économisme ». Dans la théorie, elle efface un rapport social dans une marchandise. Or, la culture n'est pas un bien, mais *un rapport*, au monde humain et à la nature, et pas seulement, ou pas d'abord, au monde social. Dans l'action, on semble avoir raisonné, en augmentant « les forces productives » et en les étatisant, alors que la réforme résolue des rapports sociaux que sont les rapports culturels et les modes de distribution de la culture restaient tout autant à l'ordre du jour que la distribution moins inégalitaire des revenus. Les agents de la politique publique (élus, ministres, technocrates, idéologues, artistes-gestionnaires) partagent cet économisme. « Besoins culturels », « consommations culturelles », les mots disent qu'il y aurait un manque à combler, un temps libre à remplir, un loisir à « animer ». On feint de croire que c'est un *produit* de luxe, et qu'en facilitant ses conditions économiques d'accès – par exemple par une baisse des taux de TVA sur le disque, ou en réduisant, comme à l'Opéra-Bastille, le prix des places pour les œuvres « difficiles », entendez : contemporaines – le peuple se ruera vers ce dont il était économiquement exclu. Symétriquement, on considère que « les riches », les « bourgeois » accaparent la culture, ce luxe coupable, et doivent le partager.

Double illusion. Pour tous, l'art est un luxe. Ou plutôt pour chacun, car la détermination de groupe pèse ici moins que le choix individuel. Qu'est-ce qui empêche un « exclu » de la « grande musique », comme on disait autrefois dans les couches populaires, avec respect et non mépris comme nos sociologues, de brancher sa radio sur France-Culture, plutôt que sur NRJ ? Le capital culturel, dirait Bourdieu, mur invisible du goût et de la distinction légitimes, impalpable poison de la culture dominante par lequel une génération d'instituteurs soumis à la vulgate « bourdivine » refusèrent de contaminer les enfants dont ils avaient la charge. Pour le plus grand bien d'une inculture dominante. Car la culture se transmet certes selon le modèle de la reproduction sociale, mais elle est aussi un puissant moyen de réduction de ces inégalités et un irremplaçable outil de promotion individuelle.

Une fois de plus, le débat repose sur la confusion des deux sens du mot culture. Ou bien culture signifie milieu, mœurs, pratiques, et en effet chaque classe, groupe, sous-groupe, individu, a *sa* culture, ni égale, ni inégale. En ce sens, évidemment, le rêve d'une culture sans classes, à supposer qu'il anime les décideurs de la politique culturelle, est tout aussi inepte que celui d'une société sans classes, et promis au même discrédit.

Ou bien culture désigne les œuvres de l'art et de la pensée. Alors, si l'on en considère *les aspects économiques*, on dit une tautologie. Que le « producteur », le consommateur, le système de reproduction et de diffusion de la culture, si l'on tient à ces termes économiques, soient pris dans des rapports de classes, c'est l'évidence. Mais, si l'on évoque *l'appartenance intellectuelle*, on retombe dans une assignation totalitaire : œuvres bourgeoises, prolétariennes, nationales, antinationales. Une œuvre d'art n'est pas de telle ou telle classe. La « culture bourgeoise » n'existe pas plus que la « vérité française » de Barrès, ou la « génétique prolétarienne » de Lyssenko.

On doit distinguer, d'une part, les usages sociaux que l'on fait de l'art (sur ce plan, en effet, on peut démocratiser Rimbaud ou se le garder entre privilégiés, manière de se distinguer) et, d'autre part, le rapport personnel qu'on entretient avec lui (alors, Rimbaud, n'est pas concerné par l'usage social qu'on en fait, celui d'une fille publique ou d'une douairière gâteuse). Le vrai Rimbaud, celui que lit une vendeuse ou un ingénieur, dans les moments où ils oublient être vendeuse ou ingénieur, reste hors d'atteinte.

De la domination

Culture dominante ? Combien de gens totalement incultes, si l'on entend par culture la connaissance lettrée des arts, dans les rangs de la classe dominante, tout spécialement dans un pays dépourvu d'un véritable enseignement artistique, et jusque parmi les politiciens qui, par comble, sont à la fois moins cultivés que leurs prédécesseurs des Républiques passées et plus culpabilisés de l'être malgré tout ! Au point qu'on ne sait plus si la bourgeoisie convaincue du péché de culture par nos directeurs de conscience sociologique a honte d'être cultivée ou dépit de ne l'être plus, si elle est animée du souci d'une justice réparatrice ou d'un prosélytisme de l'ignorance. A l'inverse, combien de gens véritablement cultivés parmi les membres des classes dominées ! Ce qui a changé, ce n'est pas que la haute culture et les humanités manquent aujourd'hui au plus grand nombre et qu'il y aurait lieu de regretter l'introuvable âge d'or où le peuple lisait Homère et Descartes, c'est que les bourgeois, et même les professions intellectuelles, ne lisent plus Homère et Descartes. Culture classique = culture de classe. Il y a deux façons de rompre l'équation : faire que toutes les classes s'approprient les humanités, ou que les élites qui en avaient le dépôt et le goût se mettent à les déserter. Ce qu'on vit.

Même en acceptant la notion vague de culture des enquêtes du ministère, la culture réellement dominante, aujourd'hui, n'est pas celle de la classe dominante, mais celle que l'infantilisation massive instaure. France-Culture dominant la bande FM, écrasée qu'elle est

140

par cent émetteurs cent fois plus puissants répandant la même non-musique ? Allons donc ! La culture dominante est celle des niaiseries qu'on sert au peuple.

Il est vrai, 80 ou 90 % des Français demeurent exclus de la grande culture, mais pourquoi faut-il appeler dominante celle-ci, réservée aux 10 ou 20 % restants ? Ne confondons pas exclusion et domination. Je souhaite en effet que cette culture soit si peu exclusive qu'elle devienne dominante. Fumaroli et Bourdieu riront sans doute de ma naïveté. L'espoir ne va pas sans quelque sottise, ni l'intelligence sans quelque méchanceté.

Elitisme et démocratisme se renvoient la balle aussi longtemps qu'ils ignorent l'un et l'autre que l'œuvre d'art n'est à personne, qu'on peut la transmettre, l'approcher, non la posséder. Les gens qui n'utilisent la culture que pour se classer ou déclasser autrui – il y en a, et une certaine idéologie de la modernité entretenue par l'appareil culturel d'Etat les encourage – ne sont pas cultivés.

Les effets sociologiques de « distinction » (Bourdieu) ou de « démonstration » (Veblen) ne sont que conséquences de la perte d'appétence des classes dominantes pour une culture de moins en moins différenciée et riche de sens. La culture ne devient preuve de statut social que lorsqu'elle cesse d'être plaisir pour les sens et l'esprit.

De la masse

Walter Benjamin et T. W. Adorno l'ont montré, la culture entretient toujours avec la société des rapports de symptômes, de malaise, loin d'en être, comme le défendait le marxisme vulgaire, un quelconque reflet exact et univoque. Avec l'intervention de l'Etat, il y a désormais un « malaise à trois » : culture, société, Etat. Mon propos n'est pas de justifier l'étatisme par un supplément de culture introuvable. Mon affaire est la culture et ce qui lui arrive quand elle est soumise à la condition de la société de masse et confrontée aux prétentions culturelles de l'Etat.

La démocratisation de l'accès à la culture ne se résout pas par l'instauration d'une impossible culture de masse. *Culture de masse,* la contradiction est dans les termes. Hannah Arendt écrivait qu'il n'y avait pas de culture de masse, mais seulement des loisirs de masse. De même, si l'on passe de l'analyse en termes de classes à celle en termes de nations, l'idée d'une « culture mondiale » est elle aussi contradictoire dans les termes. A l'échelle planétaire, seuls les produits s'uniformisent, pas les idées ou les œuvres, sauf si celles-ci se dégradent en produits. La démocratie des consommateurs n'a rien à voir avec la démocratie des sujets. Parler de société de masse ou de massification des rapports culturels est une chose ; désigner « les masses » comme un objet théorique ou sociologique est en revanche le propre d'une vision méprisante, parce que abstraite et totalisante, du *démos*. Seuls les chefs parlent des « masses », jamais les démocrates.

Mais, s'il n'y a pas et ne saurait y avoir culture de masse, une diffusion vaste peut exister pour les œuvres qu'une telle diffusion ne détruit pas. Que *Madame Bovary* soit lue par trois cents ou trois cent mille personnes ne détruit pas ce roman, pas plus que n'est menacée une symphonie de Brahms, dès lors qu'elle sort de la salle de concerts pour être diffusée en disques par milliers d'exemplaires, car on est là dans le domaine de ce que Benjamin appelait la reproductibilité de l'œuvre d'art. Déjà plus problématique est le statut de la peinture, car *La Tempête* de Giorgione s'accommode mal de la foule des visiteurs de l'Academia et réclame sinon la contemplation solitaire, du moins une certaine qualité de silence et d'attention. S'agissant enfin des œuvres du patrimoine bâti, la fréquentation de masse amène inéluctablement à une destruction de l'émotion artistique : on « fait » les châteaux de la Loire comme on « fait » la mer de Glace ; et surtout à une destruction du site patrimonial par toute l'exploitation commerciale qui, sous le nom d'« animation », se répand en France actuellement, de Nohant au pont du Gard et de Chambord au Mont-Saint-Michel, avec la bénédiction des *tour operators*, ce qui est logique, et de la direction du Patrimoine du ministère de la Culture, ce qui l'est moins. Ecoutons à nouveau Arendt : « Loin de se répandre dans les masses, la culture se trouve détruite pour engendrer le loisir. Le résultat n'est pas une désintégration, mais une pourriture... »

Autrefois, seule une « classe de loisirs » avait la possibilité de se consacrer à ce qu'on appelait le « loisir studieux », qui était le commerce des œuvres de l'esprit. Aujourd'hui, il est vrai, le loisir est généralisé, mais a changé de contenu. Il n'est plus comme autrefois la recherche du sens de la vie en se tenant momentanément à l'écart de ses contraintes, mais au contraire la soumission, jusque dans la sphère la plus « privée », aux valeurs du moment, et d'abord à l'argent. Ce que la société de masse est à la démocratie, la culture de masse l'est à la démocratie culturelle : sa négation.

Démocratiser la culture, c'est maintenir chacun des termes *démocratie* et *culture* sans les dénaturer et reconnaître qu'il y a antinomie lorsqu'on fait de culture le complément d'objet direct du verbe démocratiser. Face à cette contradiction, deux tentations se font jour :
– la nier. On voudra alors, et en privant les mots de leur sens, des « privilèges pour tout le monde », selon le mot de Daniel Halévy, la passion démocratique trouvant son compte dans le « tout le monde », et son refoulé aristocratique, dans les « privilèges »;
– en changer les termes. Soit en nommant culture ce qui vient du *demos* : ne pouvant faire que ce qui était culturel devînt populaire, on décréta que tout ce qui était populaire était culturel. Soit en dégradant la vraie culture en l'adaptant aux goûts du « peuple ». C'est la vulgarisation, qui détruit des objets « modifiés, réécrits, condensés, digérés, réduits à l'état de pacotille par la reproduction ou pour la mise en images », dit Arendt. Il y a ceux qui veulent faire croire au peuple qu'*Anna Karénine* peut être aussi *divertissant* que *Côte ouest*, pour peu qu'on l'adapte, et ceux qui veulent lui faire croire que *Côte ouest* est autant *artistique* qu'*Anna Karénine*. C'est « loisiriser » la culture ou « culturiser » le loisir. Finalement, le comportement de nos princes culturels fut celui de « démophiles antidémocrates », pour reprendre l'expression de Daniel Halévy. Sans le savoir, ni le vouloir, sans doute. Ingénument, comme toujours on se perd.

De la démocratie

L'Etat devrait-il s'abstenir de toute intervention dans le domaine des arts et des œuvres de l'esprit ? Faudrait-il laisser jouer les seuls talents et les soumettre à la logique nivelante des lois du marché ? J'aborderai successivement le *champ* d'intervention, les *modalités*, et les *finalités* de l'action de l'Etat.

Quel est le champ de ce que l'Etat fait, peut faire, doit faire, et ne doit pas faire ?

D'abord, un rappel de ce que *fait* l'Etat. Le poids économique de ses interventions est beaucoup plus lourd en France que dans des pays comparables : 14 milliards de francs en 1993, alors que l'Arts Council britannique dépense environ 1,8 milliard de francs, et le Bund fédéral allemand, moins de 1 milliard. De fait, il n'y a pas un ministère de la Culture, mais trois. Le premier, ancien, couvre *la conservation* du patrimoine bâti, visible et écrit, et regroupe les directions du Patrimoine, des Musées et des Archives ; plus des départements d'autres directions : Livre, Musique et Danse, Centre national du cinéma. Le second soutient le *spectacle vivant* (théâtre, musique et danse) et est organisé selon les clientèles de ces arts. Le troisième a la tutelle des *industries* – ou des artisanats – culturelles (livre, cinéma, galeries, édition musicale et facture instrumentale). Les nouvelles responsabilités de l'Etat que l'on vit apparaître en France depuis une trentaine d'années ne se sont pas substituées aux anciennes, mais se sont juxtaposées à celles de l'Etat monarchique (bâtir, commander, conserver) et se sont en outre inspirées de certains traits de la politique culturelle des Etats socialistes (instrumentation des « créateurs » au service du pouvoir, constitution d'une *nomenklatura* d'artistes-salariés, esthétique officielle dans certains domaines).

On distingue actuellement cinq grandes fonctions dans le ministère de la Culture, quels que soient les secteurs d'intervention :

1) les enseignements artistiques et les actions en direction des amateurs ;

2) la préservation du patrimoine bâti et des œuvres du passé ;

3) les aides à la création ;

4) le fonctionnement des structures de diffusion et la production de spectacles ;

5) la réglementation et la tutelle des professions et des industries de la culture.

A ces fonctions officielles, qui se traduisent dans un organigramme, des personnels et des crédits, s'ajoute une fonction « intellectuelle » globale regroupant les pétitions patronnées par le ministre, les relations avec les artistes, les événements et commémorations, les articles suscités, les livres commandés, les émissions de télévision organisées, bref tout un réseau d'interventions matérielles, de positions idéologiques et de services personnels qui constitue cet Etat-artiste et intellectuel formant exactement l'envers de l'absence en France d'un véritable pouvoir universitaire.

L'ensemble de ces fonctions est le fruit de l'histoire. Ainsi, le rôle que joue le ministère en matière d'*enseignements artistiques spécialisés* (écoles d'art, conservatoires de musique, écoles de théâtre, de danse et d'art lyrique) n'est que la conséquence de la faillite de l'Education nationale dans les enseignements artistiques. Notre système éducatif s'est constitué sur la séparation entre les apprentissages artistiques et les disciplines générales, contrairement aux systèmes anglais et allemand, où une place essentielle est faite aux arts dans l'enseignement général, et qui confient aux universités, donc à un système non spécialisé comme « culturel », les enseignements artistiques supérieurs. Ajoutée à cette tradition, la centralisation française explique que ce soit dans un ministère que sont organisés et suivis les enseignements spécialisés, et non aux niveaux régional, départemental ou municipal, situation d'autant plus étrange que, par exemple, ce sont les communes qui financent à hauteur de 90 % les conservatoires municipaux de musique, mais qu'elles doivent intégralement laisser à l'Etat la définition du contenu de leurs enseignements.

Quant aux fonctions de *conservation*, il faut rappeler que l'Etat y trouva ses premières attributions « culturelles » avec l'inspection des monuments historiques, dans un contexte très précis : la sauvegarde des biens et des œuvres que la révolution antinobiliaire et anti-ecclésiastique avait laissés à l'abandon et à l'appropriation privée.

Les *aides à la création* et les *commandes* tiennent en France une place exceptionnelle en raison de trois facteurs relevant eux aussi de notre histoire politique et idéologique : le messianisme historique, le positivisme scientifique, le monarchisme centralisateur. La France politique, révolutionnaire et démocratique et la France intellectuelle, qui s'étourdit de l'opium marxiste plus que toute autre intelligentsia, ont adhéré pendant près de deux siècles au dogme selon lequel l'histoire aurait un sens, un progrès et une fin. Selon le positivisme régnant, ce sens peut être scientifiquement connu. Enfin, le monarchisme foncier qui subsiste confie à l'Etat le soin d'accomplir historiquement ce sens, et donne à son intervention créatrice ses lettres de noblesse, c'est le cas de le dire. Loin d'être ce qu'Althusser voyait dans l'Histoire : « un procès sans sujet ni fin(s) », notre histoire intellectuelle et culturelle fut conçue comme un *progrès*, qui s'assignait une *fin*, et s'incarnait dans un *sujet*, l'Etat.

Ce n'est que dans ce contexte que peut se comprendre le cas, exemplaire par sa caricature même, des aides prodiguées au créateur Boulez : elles matérialisaient la triple alliance des croyances au progrès, à la science et à l'Etat, dans un domaine très spécifique, où aucune de ces catégories n'avait de pertinence. Pour ces raisons, il serait vain de faire, en tant que personne, le procès de ce compositeur ou des ministres qui l'ont aidé. On pourrait dire, avec Marx : « Il ne s'agit ici des *personnes* qu'autant qu'elles sont *la personnification* de *catégories économiques*, les supports d'intérêts et de *rapports de classes déterminés*. »

Quant au rôle joué par le ministère de la Culture à l'égard du *spectacle vivant* (opéra, concerts, théâtre subventionné, festivals), il n'est à ce point étendu que parce que le système étatique français est excessivement centralisé. La montée en puissance de la monarchie a progressivement étouffé les spécificités culturelles provinciales, à la différence de l'Italie, de l'Allemagne ou de la Flandre. Seul l'Etat pouvait lancer une politique de décentralisation culturelle, pour le théâtre entre 1950 et 1970, pour la musique dans la décennie 1970, et pour la danse dans les années 1980. L'absence de véritable vie locale a laissé un vide jusqu'aux lois de décentralisation.

Au total, le ministre de la Culture n'a donc pas choisi son champ d'intervention en 1981, même s'il l'a alors accru de façon abusive, et bien qu'il n'ait rien entrepris pour le restreindre, comme il eût été possible. L'exemple du maintien d'une gestion jacobine de la diffusion et du spectacle vivant et l'anomalie, après la décentralisation, d'un Etat producteur de spectacles le montrent assez. L'existence d'un ministère de la Culture si agissant et d'une politique culturelle si étatique n'est pas due à la volonté consciente de l'Etat d'asservir les arts ou de divertir les Français, ce sont là des effets, non des causes. Les facteurs expliquant cette singularité nationale sont multiples et tiennent pour partie à la nécessité où fut le ministère de combler des lacunes de notre système politique et administratif d'ensemble, et de résoudre des contradictions qui lui sont extérieures. Il faut donc considérer l'articulation globale entre les interventions publiques (et non seulement étatiques ou relevant du seul ministère de la Culture) et la vie intellectuelle et artistique, qui elle non plus n'est pas sans responsabilités dans l'étatisation et la « culturalisation » du champ artistique. Pour le dire d'un mot, l'échec du développement de la vie culturelle de ce pays n'est pas le seul échec des ministres ou du ministère, c'est celui d'un système qui délègue à un ministère de la Culture la solution de difficultés sur lesquelles il ne peut agir.

Que *peut faire* un pays *démocratique* en matière de politique culturelle ? Le débat porte sur les fonctions culturelles qui seraient par excellence étatiques et celles qui relèveraient du privé. En règle générale, la dernière est considérée comme inhérente au rôle régulateur de l'Etat, et le clivage passe entre *enseigner et conserver*, d'une part (patrimoine, musées, grands établissements d'enseignement), et *créer et produire*, d'autre part (arts vivants, commandes aux artistes). Les comparaisons internationales montrent que le consensus s'établit sur le premier versant et en particulier sur la nécessité de contribuer, par des aides appropriées, à un plus large accès à la culture. Le Royal Charter de 1967 de l'Arts Council définit ainsi cette mission :

« Développer et améliorer la connaissance, la compréhension et la pratique des arts, rendre les arts plus accessibles au public. »

Que *doit* faire l'Etat aujourd'hui ? S'inspirer, dans la conduite de ses interventions, de plus de démocratie et de plus de république. Plus de démocratie ne signifie pas plus d'Etat. Certes, le service public existe, et doit être défendu, car il est bien malade. Mais il doit être aussi défendu contre ceux qui l'étendent inconsidérément. Pas de démocratie sans Etat ; pas de démocratie non plus lorsque l'Etat est partout. Plus de république, cela ne veut pas dire moins d'Etat, mais seulement que ce dernier ne doit prendre en charge que la *chose publique*. Je ne vois que trois domaines : la préservation du patrimoine, la diffusion démocratique de l'art, qui passe d'abord par l'éducation artistique, et la réglementation.

S'agissant d'abord du *patrimoine*, « le seul critère authentique, dit Hannah Arendt, et qui ne dépend pas de la société [ni de l'Etat, ajouterais-je] pour juger ces choses spécifiquement culturelles est leur permanence relative, et même leur éventuelle immortalité. Seul ce qui dure à travers les siècles peut finalement revendiquer d'être un objet culturel ». Ce qui dure, à travers les générations, les formes sociales, les structures étatiques, qui lui donnent des sens variés et successifs où son sens ultime ne s'épuise pas, tel devrait être le premier objet d'une action de l'Etat. Il en découle qu'il a le devoir de faire que ce qui dura jusqu'à lui dure encore après lui. A ce passé remémoré qu'il transmet, l'Etat et les partis qui le dirigent n'ont évidemment aucun sens à donner, tel ce pitoyable embrigadement de Rimbaud sous la bannière du socialisme rose.

S'agissant ensuite de la *diffusion de la diffusion*, l'objectif est de réduire l'inégalité d'accès aux œuvres. A cette obligation démocratique s'oppose un point de vue qui, sous l'invocation par Fumaroli d'une république vraiment républicaine et moins démocratique, voile en fait la nostalgie d'une aristocratie. Sans doute celle-ci n'est pas celle de la naissance, mais celle du mérite (et moi aussi je préfère la « République des professeurs » à la fausse démocratie des publicitaires et des marchands de bêtise). Cependant, elle n'en défend pas moins ceux que Thibaudet appela « les censitaires de l'art ». Cette position, réactionnaire au sens premier, on la voit poindre déjà, avec la perception sensible, douloureuse et respectable d'un monde qui finit, chez Baudelaire, qui certes était tout sauf démocrate et dénonçait la vanité d'une telle abolition des privilèges : « Pour insuffler au peuple l'intelligence d'un objet d'art, j'ai une trop grande peur du ridicule, et je craindrais, en cette matière, d'égaler les utopistes qui veulent, par un décret, rendre tous les Français riches et vertueux d'un seul coup. »

Mais, en matière de diffusion, l'Etat devrait borner son rôle à supprimer les obstacles de toutes sortes à la diffusion de l'art : non-rentabilité de beaucoup de secteurs culturels, inégalités sociales ou géographiques, par exemple, en matière de théâtre, le fait que plus de la moitié des spectateurs se trouve en région parisienne. Non pas organiser positivement la rencontre de l'œuvre et du public, en devenant le chaînon nécessaire entre l'auteur et le spectateur, assistant l'un et l'autre, évitant au premier le risque du jugement, au second l'effort de connaître et de goûter.

L'éducation artistique est évidemment le volet le plus important. L'accès aux œuvres du passé et du présent nécessite d'abord d'offrir les outils de compréhension et de réception qui conditionnent cet accès, qui n'est jamais immédiat, contrairement à ce que croit une théorie gauchiste de la réception, aussi sotte que la théorie symétrique d'une créativité innée critiquée naguère par Levi-Strauss. La démocratisation n'est pas plus directe que la démocratie. Il lui faut aussi des médiations et un troisième terme entre peuple et culture, qui se nomme, d'un nom aujourd'hui oublié ou décrié, *instruction*. La culture n'est que la fréquentation lettrée de l'art. La lecture, on ne le rappellera jamais assez, n'est pas une pratique culturelle parmi d'autres, c'est la clé de tout art. Lorsque Poussin écrivait à Chantelou : « Lisez l'histoire et le tableau », il n'annonçait évidemment pas les lectures sémiologiques de la peinture, mais énonçait simplement que la tableau – il s'agissait de *La Manne* – a une signification, et que celle-ci n'est pas donnée.

On peut voir dans la promotion du « culturel » l'un des signes de l'échec de l'instruction publique, même s'il est exagéré de penser que le surgeon a tué l'arbre, et le ministère de la Culture ruiné l'Education nationale dont il est issu. La crise de cette dernière a bien d'autres causes, et, pas plus qu'il ne pouvait combler les lacunes de l'éducation, le ministère de la Culture ne saurait les avoir causées. Alors que, après un siècle d'instruction publique, laïque et obligatoire, la démocratisation de l'Ecole demeure à l'ordre du jour, alors qu'il y a, en pourcentage, plus d'illettrés qu'il y a cinquante ans, il est plaisant de voir espérer pour demain matin un art pour tous. A moins qu'en matière de culture on ne borne l'ambition à réduire les écarts en nivelant, qu'on n'organise que l'égal accès à la vulgarité, et qu'on ne démocratise que la laideur. De même que l'Ecole aura failli le jour où elle ne démocratisera plus que l'ignorance.

La formation est donc le premier moyen, et le seul, d'une vraie politique de réduction des inégalités d'accès à la culture. Secondairement, elle est la condition nécessaire, quoique non suffisante, du développement des institutions culturelles existantes. Pour la musique, l'exemple des orchestres de région et de l'Orchestre de Paris illustre ce paradoxe de subventions qui croissent à mesure que diminue le nombre d'auditeurs touchés. L'absence de renouvellement par la formation des jeunes générations risque à terme de tarir la vie musicale : sans une demande formée, curieuse, exigeante, nombreuse, pas d'offre.

L'Etat doit enfin, en fixant *les règles*, permettre le libre jeu des forces de la création. Personne ne lui dénie sa légitimité à légiférer sur les droits d'auteur, à définir les conditions dans lesquelles doit s'enseigner la danse, ou à réglementer la fiscalité sur les dations d'œuvres d'art. Mais il ne saurait aller au-delà, en se substituant à ces mêmes forces. *Primum non nocere*, d'abord ne pas nuire. Tel devrait être le premier principe de la médecine étatique. Ne pas empêcher par des réglementations paralysantes, ne pas rendre malade par des potions insinuantes.

Enseigner, conserver et réglementer me paraissent relever sans conteste de la légitimité d'une action étatique de niveau ministériel, qu'elle soit confiée à un ministère proprement dit, ou, de préférence, à un secrétariat d'Etat ou une simple direction rattachés à un grand ministère : éducation pour la première, environnement pour la seconde, industrie pour la troisième.

Qu'est-ce que, enfin, l'Etat ne *doit pas faire* en matière de culture ? Si l'on refuse le principe d'interventions sur *la création* elle-même, et la subvention directe d'artistes ou de pans entiers de la vie artistique, comme le spectacle vivant, l'expression même d'« aides à la création » apparaît comme une *contradictio in adjecto*. L'Etat démocratique n'est pas et ne doit pas être un mécène et aider la création. Pour trois raisons.

La première est que les Etats modernes subventionneurs de la création, véritables mécènes collectifs, ne sont pas en continuité avec les princes, car entre ceux-ci et eux se situent précisément l'avènement de la démocratie et la distinction que la Révolution opéra entre argent public et argent privé. L'argent public n'appartient pas à ceux qui en disposent. Son usage est non seulement enserré dans un ensemble de règles et de procédures qui interdisent son appropriation individuelle, mais il est de *nature différente*, politiquement et socialement, de l'argent privé. Les finances du roi se confondaient avec celles de l'Etat, et celles de Louis II de Bavière avec celles de sa principauté. Libre à lui de s'attacher Wagner, plutôt que de construire des scieries. Mais, avec l'argent public, les choses changent. L'élu du peuple n'en dispose pas à la seule fin de magnifier sa personne, son parti ou son règne.

C'est une distinction que j'eus beaucoup de mal à faire admettre dans les discussions au sujet de certains cachets d'artistes. « 3 ou 7 millions de francs par an, me disait-on, quelle différence ? Un joueur de tennis gagne cela par mois ! Un mètre d'autoroute urbaine coûte davantage ! » Outre que dépenser ici n'est pas une raison suffisante pour qu'on gaspille là, on oubliait ces détails : le joueur de tennis est payé sur des fonds privés qui investissent et récupèrent un possible bénéfice, non sur des prélèvements obligatoires ; la route est d'utilité générale, l'artiste, pas encore.

La seconde raison pour laquelle il ne doit pas financer directement la création est que l'Etat est un mauvais mécène. Il faut distinguer en effet la *réception* des œuvres du passé, objet légitime d'un devoir de démocratisation, car là le choix artistique n'est plus à faire, et la *création* d'aujourd'hui, relevant essentiellement du risque individuel, pour laquelle les principes et les critères de choix dans un espace politique démocratique ne sont pas pertinents. Certes, une partie de la « création contemporaine », dans quelques dizaines ou centaines d'années, fera partie de « ce qui dure ». Mais qui le sait aujourd'hui ? Certainement pas l'Etat, quelle que soit sa forme, et surtout si c'est une république démocratique. Il est exclu qu'un vote décide si Manet est ou non un grand peintre. L'actuel Manet devrait-il pour autant être découvert par une décision souveraine du prince ? Non pas, car personne, jamais, ne *décida* qu'un artiste était un artiste. Pourquoi ce rêve français de dire le beau et de l'authentifier par une subvention ? Dans les autres pays démocratiques, on laisse aux critiques, aux philosophes de l'esthétique, aux historiens de l'art, au public enfin, le soin de discerner ce qui est de l'art et ce qui n'en est pas.

De quel privilège de jugement, de quelle clairvoyance, de quelle légitimité pour tout dire, cette légitimation ministérielle relève-t-elle ? N'y a-t-il pas là une résurgence de l'idée de « puissance publique », évoquant, selon le juriste Duguit, « l'âge métaphysique du droit où l'on semblait croire que l'Etat possède une volonté par essence supérieure à celle des individus » ? Chacun ses goûts, c'est aussi cela, la démocratie ; et l'Etat ne devrait pas afficher les siens, car il n'en a pas, et ne doit d'ailleurs pas en avoir. Un jour, le président Jules Grévy, inaugurant le Salon, demanda s'il était réussi : « Oh ! rien d'extraordinaire, lui répondit-on, mais une bonne moyenne. » Il se frotta les mains : « Une bonne moyenne ! Très bien. C'est ce qu'il faut dans une démocratie. »

A l'inverse, les mécènes des peintres de la Renaissance, les princes musiciens du XVIIIe siècle, les bourgeois collectionneurs du XIXe siècle étaient des *sujets*. Animés d'un désir – et quel désir plus fort que celui du collectionneur ? –, aiguisés par *leur* goût, ils risquaient, avec *leur* fortune, *leur* subjectivité dans *leurs* choix esthétiques. Rien de tel dans les Etats démocratiques que rien ne prépare ni ne qualifie aux choix artistiques. Il n'y a que peu de chances pour que ces choix soient éclairés. La mode, les influences, les coteries, les intérêts, tout se ligue pour qu'en musique, en architecture ou en peinture la commande publique aille aux habitués de la commande, comme l'argent va à l'argent, et l'académisme à l'académisme. Qu'on le veuille ou non, il y a une contradiction entre la représentation démocratique et la création artistique : ni l'artiste ni ceux qui le soutiennent ne peuvent exprimer la volonté générale sans tuer l'art. L'aide étatique à la création ne peut exister dans une démocratie sans risques pour la démocratie et pour la création. Exprimant leurs goûts propres – s'ils en ont –, les gouvernants manquent à la démocratie : on ne les a pas élus pour ça. Représentant les choix artistiques de la majorité ou de la mondanité, ils manquent à l'art et versent dans l'actuel mélange de populisme et d'académisme moderniste.

Une dernière raison devrait écarter l'Etat de la création : le risque de confusion entre ce rôle d'acteur dans la fabrication de l'imaginaire social et son rôle d'arbitre impartial. Même s'il n'est pas toujours de surcroît « porte-parole du gouvernement », un ministre de la Culture, pour être « de la culture », n'en est pas moins ministre.

Ceci ne signifie pas que les créations ne doivent pas être aidées, mais pas par l'Etat. Les autres collectivités publiques, moins soumises au politique, et les institutions et les personnes privées assurent dans d'autres pays la même fonction. On devrait par principe préférer la défiscalisation à la subvention, car, outre qu'elle fait l'économie du coût de gestion du prélèvement et de sa redistribution par un appareil de fonctionnaires, elle organise la pluralité des centres de décision. Mesure élitiste, dira-t-on. Il est vrai qu'on aide ainsi à se constituer un patrimoine ceux qui en ont les moyens ; mais n'est-ce pas le cas pour la fiscalité des placements financiers ou l'investissement dans la pierre ? Jamais d'ailleurs ne furent nombreux ceux qui achetaient de la peinture, et mieux vaut qu'ils se comptent par milliers que par dizaines, comme actuellement avec les mécènes institutionnels publics ou privés, les fondations d'entreprise achetant les œuvres des mêmes peintres, conseillés par les mêmes experts, que les structures publiques.

On débat à l'infini : qui doit administrer la culture, des administrateurs ou des artistes ? Les premiers ne sont pas légitimes aux yeux des seconds, qui ne leur reconnaissent à juste titre aucune compétence artistique. Les seconds ne sont pas plus légitimes vis-à-vis des règles de fonctionnement des Etats démocratiques, qui veulent que l'emploi des crédits publics se distingue de l'affermage personnel. Il y a une façon simple de trancher : qu'on se convainque que l'Etat, par artistes ou fonctionnaires interposés, n'a pas à *administrer la culture*, n'a pas à faire de choix artistiques, et doit s'en tenir aux trois missions qui n'en impliquent aucun : préservation du patrimoine, accès démocratique aux œuvres, notamment par les enseignements artistiques et le soutien à la pratique d'amateurs, réglementation.

Le « droit à la culture » serait-il un *droit-liberté* bornant l'intervention de l'Etat et garantissant le citoyen contre l'interdiction ou l'imposition de tel ou tel type de culture, ou un *droit-créance* impliquant au contraire une extension de l'activité étatique pour donner au citoyen les moyens intellectuels d'accéder à la culture ? A l'évidence, en démocratie, il recoupe les deux notions. Or qu'observe-t-on ? Le premier aspect n'est pas respecté par l'existence d'une conception officielle de l'art dans certains domaines, et le second n'est pas mis en œuvre, du fait de l'inexistence d'un véritable enseignement artistique à l'Ecole. Bref, ce « droit à la culture » est bien inscrit dans l'espace politique, mais non dans « l'espace public », pour reprendre cette notion d'Habermas.

De plus, la théorie du *service public*, qui prend en considération le droit-créance, ne fut jamais une théorie du « tout Etat ». Elle s'opposa au contraire à la théorie de la *puissance publique*, et définit, à l'intérieur de frontières précises, à quelles fins et sous quelles modalités l'Etat doit agir. Il est pour le moins étrange de la voir servir aujourd'hui à justifier une extension illimitée des interventions étatiques. Il y a – ou devrait y avoir – un service public des enseignements artistiques. Il n'y a pas – et il ne doit pas y avoir – un service public de la création ou des fêtes et divertissements. En matière musicale, il existe un service public d'enseignement spécialisé (les conservatoires). Il existe, mais c'est très contestable, un service public de l'édition discographique, et même une économie entièrement administrée de la musique contemporaine. Soutenir qu'il faut un service public organisé de la création, c'est se substituer à l'initiative privée ou décentralisée, car, s'il existe une liberté de création, il n'existe pas de droit à la création, au sens d'une créance des créateurs – ou prétendus tels – sur l'Etat, donc pas de fondement légitime à un service public.

Enfin, le service public ne s'oppose pas au droit-liberté, mais lui donne les moyens de sa réalisation. Pas davantage il n'est synonyme de monopole. Déplorer qu'il n'y ait pas un service public organisé et général de l'enseignement artistique n'est pas affirmer que l'Etat doit seul en assumer la charge.

Du pluriel

En ce qui concerne *les modalités* de l'intervention de l'Etat, plus de république, cela signifie : qui décide ? Je ne sais s'il faut aux Français « encore un effort pour être républicains », mais assurément, il faut aux politiques culturelles encore un effort pour rompre avec la monarchie dans deux domaines qui sont les appendices du grand ministère de la Culture : les Grands Travaux et les Commémorations. Que le roi fut bâtisseur, c'est un fait historique. Mais est-ce une fatalité qu'un président de la République, même et surtout élu au suffrage universel, décide de couvrir Paris de monuments qualifiés de Grands Projets présidentiels ? De ces bâtiments, le président choisit l'objet, la forme, le programme, les responsables. Tous furent des projets *culturels* (à l'exception de la Grande Arche et du ministère des Finances) ; aucune université. Aurait-ce été moins prestigieux pour le bâtisseur ou l'architecte ? Tous *parisiens*; aucun en banlieue ou en province. Que répondre ensuite au maire de Montpellier qui se demande pourquoi la subvention que lui accorde l'Etat pour le fonctionnement de son Opéra est égale au seul budget d'entretien de l'Opéra-Bastille ? Où verrait-on, ailleurs qu'en France, le chef de l'Etat non seulement nommer le président et l'administrateur, mais choisir la couleur des fauteuils de l'Opéra national ? « Noir, c'est noir », prononça-t-il, et la lumière se fit pour tout le monde.

De même, chassée des contenus commémorés, la monarchie

revint dans les formes commémorantes. On organisa les Fêtes du Bicentenaire exactement comme autrefois le surintendant les menus plaisirs.

Plus de démocratie, cela veut dire faire en sorte que les modalités d'intervention culturelles fassent l'objet d'un débat, et d'une décentralisation. De façon générale, on notera que le Parlement joue un rôle mineur dans le domaine culturel. Le « Rapport sur la politique culturelle de la France », rédigé à la demande du Conseil de l'Europe, parle du « rôle quasi souverain du ministère de la Culture ». Or, si l'on peut admettre qu'en droit « l'Etat peut ériger en service public la satisfaction d'un intérêt général quelconque ; par exemple, s'il lui plaisait, un service public des jeux, des courses, de la loterie, de la prostitution », on remarquera que, selon le juriste Hauriou, auteur de cette hypothèse, ce serait au Parlement, en tant que représentation politique nationale, qu'en reviendrait la compétence, non au gouvernement, et encore moins au seul ministre de la Culture.

La tradition monarchique se joint à l'héritage jacobin pour expliquer que l'Etat central confond ce qui relève légitimement de sa centralité (réglementation, patrimoine, éducation artistique) et ce qui relève pour partie de collectivités publiques certes, mais locales (diffusion, action sociale). Voire ce qui relève du mécénat privé, ou des aides diverses des collectivités territoriales et des institutions locales, comme il est de règle ailleurs (création). L'intervention culturelle étatique peut se faire soit par des institutions étatiques, soit par des institutions autonomes, mais bénéficiant de subventions publiques. Il ne suffit pas de se demander, parfois abstraitement, si l'Etat a quelque chose a faire dans le champ de la culture. On s'interrogera utilement sur la manière dont il le fait, et, notamment, s'il pratique une politique d'intervention administrative directe, ou bien permet aux collectivités publiques ou privées indépendantes, aux individus et aux associations d'avoir les moyens d'exercer une activité artistique autonome. Actuellement, les collectivités locales dépensent pour la culture deux fois plus que le ministère, et le mécénat d'entreprise apporte une contribution marginale de 3 %. Mais ces autres financements collectifs se bornent à accompagner des choix faits par l'Etat et n'apportent pas un véritable contrepoids. Un seul transfert de compétences accompagné de transfert de ressources fut concédé par l'Etat central aux collectivités locales, il concerne les bibliothèques centrales de prêt. Autrement, chaque fois que l'on voulut laisser aux collectivités locales ce qui manifestement ne relevait que de leur niveau de compétence, on se heurta à la volonté du ministre de la Culture de continuer de nommer et de normer, afin d'étendre son identité politique en disposant du plus gros budget possible.

Sans doute existe-t-il des plasticiens de région, des peintres de conseil général, des vidéastes de ville aussi courtisans et courtisés que les artistes de ministère. Elus et fonctionnaires locaux constituent leurs propres *nomenklatura,* qui elles aussi savent déguiser leurs intérêts en passion. Mais, comme tout pouvoir, le pouvoir culturel doit être divisé et partagé. Tocqueville ne proposait pas d'autre remède à la mise en tutelle d'un peuple asservi à son propre bonheur par la démocratie elle-même que les libertés locales, les associations, les corps intermédiaires. Les responsables locaux ne sont sans doute pas plus vertueux que ceux de l'Etat, mais ils sont plus nombreux. Passant de quelques dizaines de décideurs à quelques dizaines de milliers, la politique culturelle, d'être plus diverse, et divisée, comme il sied à l'art, en sera moins insolente et moins abusive.

Ainsi, dans le domaine de la musique, il conviendrait sans doute de réduire progressivement le poids de l'Etat dans l'«offre de musique». Laisser financer l'essentiel de la production musicale aux autres collectivités, et au secteur privé, comme ailleurs, dans ces pays (Angleterre, Japon, Etats-Unis, Allemagne) où l'on ne sache pas que la vie musicale soit de moindre qualité, ne me paraît pas renoncer à toute ambition de service public. Ces pays n'ont pas de ministère de la Culture et ont pourtant une « politique culturelle » : ainsi l'Allemagne, où les collectivités locales accordent l'essentiel des aides culturelles, et non le Bund fédéral (7 %). Une telle décentralisation donnerait à la politique musicale de l'Etat un point d'application plus limité, donc plus efficace : la formation, le patrimoine, l'équipement en salles des régions et des villes pauvres en lieux de diffusion.

Du service public

Venons-en aux *finalités*. L'art par tous et pour tous ?

Par tous, certainement pas. Dans sa doctrine affichée, le ministère de la Culture s'est voulu celui de « l'art au plus haut niveau », et a laissé au ministère de la Jeunesse et des Sports la charge et la tutelle des associations folkloriques ou des fédérations d'amateurs.

Il y eut pourtant en pratique un certain flottement qui fit ambitionner au ministère de la Culture en 1982 une créativité de tous, et accepter, dans le théâtre, une extension du statut d'artiste à un grand nombre de compagnies dramatiques qui n'avaient de professionnelle que leur autoproclamation. Le rapport de Jean-Pierre Vincent sur le régime des intermittents du spectacle rédigé en juillet 1992 montre que leur nombre a doublé entre 1983 et 1991 pour atteindre environ 50 000 personnes. Ce statut inclut même aujourd'hui « les animateurs de magasins ou de foires commerciales », nous apprend le même rapport, qui retrace ainsi l'historique de cette extension d'une culture décidément très ouverte. « A partir de 1981, la politique du ministère de la Culture, sa progression budgétaire et son dynamisme ont constitué un appel d'air considérable. Dans la foulée de cette politique, la loi de décentralisation, la multiplication des possibilités d'intervention des collectivités locales ont joué dans le même sens. Des vocations se sont éveillées, des besoins ont été suscités. Ils ont été soutenus par un subventionnement qui ne suffit pas toujours à étayer de réelles entreprises artistiques. »

Pour tous ? Faire de l'action de l'Etat un reflet exact des demandes sociales, c'est procéder à une distribution des aides publiques proportionnelles au poids sociopolitique des différentes catégories sociales et avoir une conception *marketing* du service public, traitant le citoyen en client : tel type de produit pour tel segment de marché. Une politique culturelle qui se soucierait de la « demande » ne veut pas dire qu'il faille que l'Etat réponde à chaque demande émanant de groupes ou d'individus, comme il le fait par exemple de façon peu discriminée pour les 30 000 fécondations *in vitro* qui sont autant de demandes d'enfants adressées à l'appareil étatique de santé. Ou bien, dans le domaine proprement culturel, lorsque des milliers de jeunes descendirent dans la rue, non pas, comme autrefois leurs aînés, pour demander la libération de leurs camarades, voire de militants emprisonnés à l'autre bout du monde, mais cette fois, en décembre 1984, pour réclamer la liberté pour NRJ, c'est-à-dire son droit d'émettre cent fois plus fort que ne l'autorisait la loi et d'écraser ainsi les autres radios. Le démocratisme culturel actuel est aussi peu démocratique que celui qui gouverne les fréquences radio FM : la plus petite minorité religieuse, culturelle ou sexuelle est placée à égalité avec France-Culture ou France-Musique, et les seules différences hiérarchisant les voix qui s'y font entendre sont celles, dictées par l'argent, de la puissance des émetteurs. Double dérive. Vers l'équivalence généralisée, qui tend à privilégier les différences dans le corps social et organise la totalisation par réduction de chaque différence à l'insignifiance de l'ensemble. Vers le mercantilisme : la démocratie des consommateurs camoufle la concentration chez les producteurs. L'Etat doit former la demande, non la flatter.

Mais l'Etat ne doit pas non plus opérer une redistribution inverse et continuer de faire payer à ceux qui n'y ont jamais accès les consommations culturelles des privilégiés (cas de l'Opéra). A la racine de ces deux écueils opposés (l'Etat-hypermarché et l'Etat-fermier général), qui ne s'excluent pas, mais cumulent leurs défauts, le premier servant d'alibi au second, on retrouve une seule et même erreur : considérer la culture comme loisir, et le rôle de l'Etat comme producteur de biens culturels – producteur subsidiaire (rock), principal (opéras, orchestres) ou exclusif (musique contemporaine).

La première réorientation serait donc que l'Etat produise moins de spectacles et plus de spectateurs, qu'il soit moins organisateur de concerts et plus formateur de publics, qu'il se dégage du financement de biens pour un financement des conditions d'accès aux œuvres. L'Etat ne doit faire que ce qu'il est le seul à pouvoir faire, et que ni les autres collectivités, ni le mécénat ni le marché ne peuvent faire.

Du secteur privé

La faculté de droit m'apprit naguère que l'existence d'un secteur public n'était justifiée que par la visée d'un service public. Le ministère de la Culture me détrompa. La réalité est autre, des deux côtés. Il arrive que le service public soit assuré par des organisations ou des entreprises privées, et, à l'inverse, qu'au sein de l'Etat la fin de telle ou telle intervention ne soit plus l'intérêt général – fondement de la république, faut-il le rappeler ? – mais la défense d'intérêts privés.

On présente parfois le ministère de la Culture comme le champion désintéressé qui terrasse l'hydre du capitalisme culturel. L'Etat prétend suppléer au manque d'imagination du secteur privé des spectacles, créations et industries de la culture et combattre leur influence corruptrice. Justification discutable, car on citerait cent exemples d'une culture vile soutenue par l'Etat et d'un art exigeant financé par le privé. Du côté capitalisme, il faut noter que le marché et les marchandises ne sont pas en eux-mêmes destructeurs de valeurs culturelles. Qu'on sache, le livre de poche, réalisant cette « culture portative » à laquelle aspirait Voltaire, fut une invention venue du marché. Il n'a pas dégradé le contenu de la littérature qu'il rendait financièrement plus accessible. Que Shakespeare ou Flaubert soient disponibles économiquement dans le moindre kiosque de gare, ce n'est donc pas à l'Etat qu'on le doit. En revanche, que l'on se sente intellectuellement disponible pour la lecture de ces auteurs dépend au premier chef de l'Etat et de l'éducation qui donne les conditions d'accès aux livres.

Mais du côté de l'Etat cet aspect traditionnel fut jugé moins « socialiste » que les aspects économiques ou médiatiques revendiqués sous le vocable d'« économie mixte ». Mixte, l'économie de la culture l'est de façon très inégale selon les secteurs. A côté de domaines où le rôle de l'Etat est marginal (livre, arts plastiques), il en est dans lesquels il est presque exclusif (musées, patrimoine, archives). A mi-chemin, le spectacle vivant (théâtre, musique et danse). Empruntant au secteur privé son dynamisme et au secteur public son souci de l'intérêt général, séduisante en apparence par son aspect délicieusement centriste, l'économie mixte que la France s'enorgueillit d'avoir inventée demande pourtant qu'on y regarde de plus près.

Dans le secteur culturel, service public se confond trop souvent avec libre-service pour qu'on ne soit pas vigilant. Que penser, si cette économie mêle en fait le gaspillage et l'irresponsabilité du secteur administré et le souci des intérêts privés du monde des affaires ? Si elle ne sert qu'à couvrir d'un label d'intérêt général des pratiques strictement marchandes et parfois très rentables ? Mieux vaut un secteur privé *dans le privé* que dans le public, où il s'arroge en outre les privilèges et la légitimité attachés à l'Etat.

Quelques exemples. Aujourd'hui, tend à s'étendre dans le théâtre et le spectacle vivant le mode de rémunération en droits d'auteurs, y compris pour des collaborations qui jusqu'ici se faisaient forfaitairement au cachet. Auparavant, seul le metteur en scène pouvait prétendre faire œuvre et demander des droits d'auteur (la différence est qu'à chaque reprise du spectacle l'auteur perçoit une rémunération et que celle-ci subit une moindre fiscalité). De plus en plus, non seulement le décorateur, mais le costumier, les éclairagistes, etc., se font payer en droits d'auteurs. A quand les habilleuses ou les maquilleuses ? Ne contribuent-elles pas elles aussi à la création ? Sans parler de l'aspect idéologique de cette extension, le « tous auteurs » n'étant qu'une variante du « tous créateurs », il y a là sur le plan financier dilution de la notion d'institution subventionnée au profit de mécanismes purement privés.

De façon générale, il y avait, jusqu'en 1985 environ, d'un côté des industries culturelles (plutôt des artisanats) et, de l'autre, des services publics culturels. Depuis que fut décrétée la réconciliation de la Culture et de l'économie, le secteur public ne constitue plus le complément et le correctif du secteur privé. Que l'un et l'autre obéissent aux mêmes *contraintes* économiques de fonctionnement : ne pas gaspiller, contrôler la gestion, n'est guère contestable. En revanche, il est grave que les deux secteurs se donnent les mêmes *finalités*: le spectaculaire, la futilité, le luxe. Aujourd'hui, le « théâtre riche », celui où l'on peut produire des mises en scène coûtant jusqu'à 10 millions de francs de costumes, décors, accessoires et cachets, est le théâtre public. Il y a ainsi deux théâtres « privés », l'un public, l'autre privé, s'engageant ensemble dans la fuite en avant vers les coûts de production, se disputant les mêmes vedettes et leur versant des cachets identiques, sauf que le privé les rémunère sur des durées longues et au pourcentage, donc en fonction d'une certaine fréquentation, alors que le théâtre public le fait forfaitairement et pour de brèves périodes.

Que le théâtre public s'affranchisse relativement du jugement du public dans le choix de ses programmes et le risque de ses créations, soit, c'est même sa vocation. Mais qu'il s'en libère dans le fonctionnement financier de sa production et de son exploitation est injustifié. Car les salles subventionnées recouvrent de grandes différences quant au risque pris sur le plan artistique, qui seul justifie, par une notion élargie de service public, le financement sur fonds publics. Subventionner Jean-Pierre Vincent à Nanterre est justifié, mais Jérôme Savary à Chaillot ? Ou alors, pourquoi ne subventionne-t-on pas Robert Hossein, qui prend peu de risques artistiques, mais porte seul le risque financier ?

D'autres secteurs pourraient être donnés en exemples : artistes stipendiés, socialisation des risques d'un spectacle et privatisation de ses bénéfices, spéculation des valeurs sur le marché de l'art, où l'on voit l'Etat influencer le marché et être influencé par lui, les mêmes experts fixant la cote d'un plasticien dans le cadre de la commande publique, et dans celui de leur activité liée aux galeries. Ainsi, la politique des fonds régionaux d'art contemporain a surtout permis d'enrichir les grands marchands en confirmant leurs artistes confirmés.

Confondre ainsi un peu partout l'ordre du public avec celui du privé, c'est généralement confondre la subvention et la prébende, et gérer les crédits publics comme s'ils s'agissait de la cassette personnelle du prince, ou du fonctionnaire, autrement dit mettre en place un véritable mécénat sur fonds publics. Il peut s'agir simplement de la *présentation* de l'intervention de l'Etat, mais aussi de sa *conception*, ou enfin de sa *gestion*.

Du mécénat

Parfois, dans *la présentation* de la politique culturelle, le vocabulaire dérape : clients, publics, on ne sait plus à qui l'Etat s'adresse. Est-ce au citoyen ou au consommateur, à l'artiste ou à ceux pour lesquels il œuvre ? On démontre par exemple que la direction de la musique est proche de son *public*, puisqu'elle est la « direction des musiciens ». On confond alors ceux qui servent (les artistes) et ceux que le service public, s'il y en a encore un, est destiné à servir (le public). Inversement, on parle, à propos du Centre culturel de la Renaissance, de « nouvelle clientèle » à « cibler ».

Le vocabulaire traditionnel de l'administration se fonde sur l'expression et la notion de « service public », qui, malgré ses ambiguïtés, exprime bien deux idées, celle d'une activité désintéressée (service), et celle d'une visée démocratique (le public). Tout autre est le vocabulaire des affaires, qui parle de clients, de *prospects*, de cibles. Langage clair, désignant une finalité également claire : gagner de l'argent.

Pourquoi confondre les deux ? Pourquoi ces indignes querelles de *logo*, où l'on voit le ministère de la Culture (l'Etat) disputer la paternité d'un festival ou d'un enregistrement à une région, un département, une ville, une société fabriquant de l'aluminium ou des yaourts ? Jean-Pierre Vincent fut l'un des rares à s'étonner de cette dérive et à refuser de voir un spectacle donné par une institution théâtrale de service public se transformer en dossard du Tour de France constellé de badges de taille proportionnelle à la subvention qu'ils font connaître.

L'Etat n'est pas un *sponsor*. Ce n'est pas une entreprise cherchant à se faire valoir par son action en faveur de la culture. Si la culture était vraiment un service public, on n'afficherait pas partout le *logo* de son ministère, pas plus qu'on n'inscrit au fronton des écoles ou des hôpitaux « avec l'aide du ministère de l'Education », ou « soutenu par le ministère de la Santé ». Si ces habitudes et ces confusions s'étendent, l'Etat, tenté d'intervenir de plus en plus selon les modali-

163

tés du sponsorat privé, sera gagné par les règles de ce type d'engagement, qui ne va qu'aux actions visibles (spectacles, festivals), non, sauf exceptions, aux tâches de fond (pratiques artistiques des amateurs, éducation à l'art).

S'agissant de *la conception* des politiques publiques, par force, je m'en tiendrai à quelques généralités. La règle démocratique est simple et clairement exprimée à l'article « Autorité politique » rédigé par Diderot pour l'*Encyclopédie*. L'autorité politique est contractuellement déférée par le peuple souverain aux gouvernants, et ces derniers abuseraient de leur mandat s'ils traitaient en bien privé ce bien public. La politique culturelle, si elle est faite par des politiques et des fonctionnaires, n'est pas faite *pour* eux. Mais pas davantage pour les artistes. Avec eux, sûrement, et parfois contre eux si nécessaire, mais pour le public. Il est plus grave pour l'Etat de cesser d'être ce qu'il est que de n'être pas ce qu'il voudrait être. Il est plus grave pour un ministre de la Culture de ne pas savoir ce que c'est que d'être ministre, que de ne pas connaître ce qu'est la culture. Hélas, un ministre peut aussi ignorer l'un et l'autre. Mais de quelle conséquence est-ce, dès lors qu'il ne s'agit plus ni de décider ni d'instruire, mais de séduire ? Parmi les douze ministres de la Culture qu'eut la France, il en est peu qui furent à la fois amis des arts et soucieux des devoirs de leur charge. Ceux-ci étant désormais à peu près réduits à se montrer en tout l'ami des artistes, quitte à étendre le cercle de ceux-ci aux pâtissiers et aux couturiers, la charge devint un rôle dans la comédie de la Culture, que l'on joue plus ou moins bien, et Lang eut en Léotard une doublure un peu pâle.

Enfin, le mode de *gestion* de l'action culturelle de l'Etat peut lui aussi mêler de façon dangereuse les règles du public et les habitudes du privé. Ainsi, les chaînes de télévision publiques ont pris depuis quelque temps l'habitude de garantir à leurs présentateurs, vedettes salariées à des hauteurs plus que confortables, l'achat d'heures d'antenne produites par les sociétés dont ils sont par ailleurs les actionnaires principaux ou uniques. Ainsi un salaire (de service public) sert-il de multiplicateur direct à un chiffre d'affaires (privé).

Il semblerait qu'une solution semblable se mette en place autour du festival d'Avignon, avec une société de production privée, mais subventionnée par l'Etat et contractuellement liée à la structure de diffusion qu'est le festival, financé pour l'essentiel sur fonds publics.

Une autre sorte de confusion est très fréquente : le ministère s'entoure d'associations de droit privé chargées de mener soit des actions relevant normalement de sa mission de service public, mais qu'il préfère gérer selon des modalités jugées plus souples que ce que permettrait la comptabilité publique, soit des actions si éloignées de ses missions normales qu'il faut, pour passer les contrôles du ministère du Budget, avoir recours à cet écran de l'association. Cela permet, quand ce n'est pas le but premier, de verser aux responsables desdites associations des salaires élevés. Le partage public-privé, pour des agents qui ont une compétence donnée équivalente à celles requises par l'Etat pour tel type de fonction, se lit ainsi : sécurité de l'emploi et tâches d'administration et de gestion financière identiques à celles de la fonction publique, mais salaires et avantages du secteur privé.

Plus choquante encore est l'habitude française d'accorder à de grands artistes des cachets d'un montant double ou triple de celui qu'ils obtiendraient dans tout autre pays, notamment ceux où le financement de ces cachets se fait dans une proportion bien plus grande sur fonds privés. Rien n'est trop cher pour l'Etat, semblable en cela aux nouveaux riches point trop sûrs de leur légitimité et de leur goût. Il est vrai qu'on a aussi moins de comptes à rendre aux contribuables qu'aux membres d'un conseil d'administration ou à ceux d'un comité de *fund rising*.

D'ailleurs, comme me le recommanda un jour un ministre, « il ne faut jamais parler à un artiste de l'argent des contribuables ». L'argent, oui, l'artiste veut bien qu'on en cause, et certains ne parlent même que de ça, mais cachez ce contribuable que je ne saurais voir. Pendant les trois ans que durèrent mes fonctions de directeur de la Musique et de la Danse, je fus surpris, moi qui auparavant connaissais assez les musiciens, mais ignorais à peu près tout des danseurs, de découvrir à quel point j'aimais mieux les seconds. Un jour qu'on me demandait pourquoi, je ne trouvai d'autre raison que la fragilité des uns et la dureté des autres, qui parfois semblent aimer l'argent et le pouvoir plus que leur art. Il n'en est rien sans doute, mais, si je m'en tiens à mes entretiens innombrables avec les uns et les autres, la principale différence est que les danseurs me parlaient de danse et les musiciens d'argent.

La dérive s'étend des artistes à tous ceux qui, de près ou de loin, ont des responsabilités artistiques. Que l'Opéra de Paris, qui fait 120 représentations lyriques par an, soit assez riche pour payer son administrateur trois fois plus que celui de Vienne, qui a en charge 350 représentations, est un mystère qui me dépasse. Comment justifier que l'Opéra de Genève monte autant de nouvelles productions chaque année que l'Opéra-Bastille, avec un budget dix fois moindre ?

Entendons-nous, je sais bien que l'opéra est un spectacle cher. Est-ce une raison pour ne pas s'alarmer quand il est trop cher, et s'accoutumer à ce qu'il soit le plus cher possible ? Soit, c'est une Rolls Royce, que l'Etat d'un pays riche peut s'acheter, encore que je ne sois pas sûr qu'une démocratie ait nécessité de se l'offrir. Mais ce qui me choque le plus, c'est la funeste manie que nous avons de payer le prix d'une Rolls pour avoir finalement une petite cylindrée. Qu'un spectacle soit assez beau pour faire oublier qu'il fut coûteux, tant mieux pour ceux qui le voient. Mais qu'il soit ruineux *et médiocre*, comme trois fois sur quatre à l'Opéra-Bastille, tant pis pour ceux qui paient.

Cette habitude de considérer que la qualité n'a pas de prix (tout a un prix, énorme parfois, et connu de quelques-uns sur un marché exigu, mais tout, une diva comme un Van Gogh), voire ce cynisme de s'affranchir du prix comme de la qualité, devient si préoccupant que la meilleure solution pour faire que l'esprit de service public soit un peu réintroduit dans des structures institutionnelles publiques est d'associer au financement un partenaire privé apportant autant que l'Etat, mais exigeant plus en termes de maîtrise des coûts. Le partenariat privé serait-il l'avenir du service public ?

De l'Etat

Depuis qu'ils existent, les efforts faits par l'Etat en faveur des arts et des artistes firent l'objet d'un soupçon politique, et d'un reproche d'inefficacité. Je ne citerai ici que Voltaire et Musil.

Le 13 octobre 1759, Voltaire écrivait à Mme du Deffand : « Ce qui fait le grand mérite de la France, son seul mérite, son unique supériorité, c'est un petit nombre de génies sublimes, ou aimables, qui font qu'on parle aujourd'hui français à Vienne, à Stockholm et à Moscou. Vos ministres et vos intendants, et vos premiers commis n'ont aucune part à cette gloire. » Musil : « La prépondérance de la politique – qu'elle soit orientée vers le bien ou vers la barbarie – rend aussi difficiles pour l'esprit apolitique [qu'est nécessairement l'artiste] la connaissance de soi ou l'exercice de ses droits. »

On aurait tort de penser que ces critiques sont fausses ou récusables, au seul motif qu'on les a déjà rencontrées dans l'histoire. Le problème s'est déjà posé ? Et alors ? Il se repose, chaque fois en d'autres termes, mais chaque fois avec la même inquiétude de voir l'Etat outrepasser les limites de son ordre, depuis qu'il « est descendu en personne parmi les artistes et les philosophes », pour reprendre une expression de Musil.

Le mérite de Marc Fumaroli est d'avoir, après d'autres, mais pour la première fois dans le contexte spécifique de l'Etat culturel français, tenté de prendre la mesure des conséquences, pour l'art et les œuvres de l'esprit, de la présence croissante de l'Etat. Dire qu'on ne voit pas là le moindre problème, comme le font ceux qui, à gauche, feignent d'ignorer le débat ouvert ou refusent d'y répondre, c'est s'aveugler sur un changement radical de perspectives. Alors que la politique autrefois demandait ses buts à la culture, aujourd'hui elle prétend lui suggérer les siens propres.

Cependant, l'erreur de Fumaroli, voulant aboutir à une conclusion juste et à l'affirmation d'une valeur de liberté : il ne faut pas que la culture dépende de l'Etat, est de reconstruire en quelque sorte une prémisse fausse en prétendant que la culture est en soi indépendante de l'évolution politique. Je dirais plutôt qu'elle en *est* dépendante, inévitablement, et qu'elle *ne doit pas l'être*.

La culture est toujours, pour partie, fonction des conditions historiques. Il n'est pas d'œuvre en soi, isolée du procès social, non plus que de réception de l'œuvre qui ne soit socialement déterminée. Or, il n'est pas sans conséquences que l'Etat, qui n'est pas qu'un acteur parmi d'autres de la vie sociale, puisqu'il en fixe les règles et en impose les modèles, substitue au jeu multiple et contradictoire des rapports sociaux la relative unité de rapports étatiques. Quelques jours avant sa mort, Jean Vilar, pourtant peu suspect de libéralisme politique, décrivait, dans un projet de lettre à Malraux, « la difficulté extrême (l'impossibilité) de concilier durablement liberté de création et pouvoir politique sous quelque régime que ce soit ». Il existe en effet quelques tendances, même dans les pays démocratiques, à l'instauration si ce n'est d'un art officiel et de tendances esthétiques affirmées, du moins d'artistes tellement subventionnés que disparaît totalement l'idée même de risque, liée essentiellement à celle de création. C'est le cas de la littérature au Québec et de la musique contemporaine en France.

C'est parce que culture et politique sont en rapports constants qu'il faut insister sur la nécessaire défense de l'évolution intellectuelle par rapport aux mouvements sociaux et politiques. Ce n'est que par la vigilance démocratique et le goût de la liberté qu'on peut s'efforcer de préserver la culture de l'emprise toujours renaissante des conditions politiques. C'est parce que la culture est sans cesse soumise à l'ici et au maintenant, dans leurs formes parfois les plus hideuses, le nationalisme et la mode, qu'il faut la vouloir et la maintenir dans l'ailleurs et la durée.

Quelles sont cependant les limites de l'intervention publique par rapport au *contenu* de l'art ? A cet égard, les appellations officielles sont source d'ambiguïté. Le ministère de la Culture est organisé en directions par formes d'art : direction du Livre, direction du Théâtre, direction de la Musique, direction des Musées, etc. Mais comment interpréter ce *de* ? Est-ce un *génitif* ? La direction de la Musique, par exemple, appartient-elle aux musiciens ? Ou bien désigne-t-on par l'emploi de l'*accusatif* une direction dont l'objet direct serait la musique ? Direction de la Musique serait à entendre comme l'art de diriger la musique, comme la direction d'orchestre est l'art de diriger un orchestre. Ou enfin, est-ce l'*ablatif* qui gouverne l'expression : une direction travaille autour, à propos de la musique et déploie des moyens et des actions qui ont pour but d'accompagner la vie musicale ?

Seule cette troisième conception me paraît conforme à l'idée d'un service public qui risque de se perdre, et, étendant sa circonférence partout, de ne plus trouver son centre nulle part. Incertain ou impérialiste dans ses frontières, le ministère est bien en peine de rassembler et d'énoncer le sens de son action à l'intérieur de celles-ci, et semble n'avoir pour seul programme culturel que l'affirmation que c'est une belle et bonne chose qu'il y ait un Etat culturel. La vérité du ministère de la Culture fut sans doute dite, comme par lapsus, pendant la période où le ministre était par ailleurs « porte-parole du gouvernement ». Par ailleurs ? N'est-ce pas à cela d'abord que sert un ministère de la Culture : porter la parole du gouvernement à ceux qui ignoreraient encore toute sa bonté ?

La plus importante question est donc celle-ci : peut-il y avoir un Etat culturel sans Culture d'Etat ? Culture d'Etat au sens de moyen de glorifier et de défendre l'Etat socialiste ou libéral, comme autrefois l'Etat communiste ou fasciste, certes pas. L'effondrement des totalitarismes et de leurs miroirs mous dans les démocraties a quelque peu ruiné l'empressement de l'Etat à guider la pensée sur le vrai. La vérité est révolutionnaire, disait-on. Cela signifiait seulement qu'il appartenait aux révolutionnaires de la définir. Cette idée a sombré. Mais une autre folie resta presque intacte en France : l'idée que l'Etat aurait à voir, à dire, à faire dans la recherche du beau. Nous n'avons plus depuis les années 1970 en France un ministère de l'Information, mais nous avons encore un ministère de la Culture.

Faut-il pour autant employer le grand mot de « totalitarisme » ? Même si tous les Etats totalitaires furent des Etats culturels, l'Etat culturel n'est certainement pas un Etat totalitaire. Pour trois raisons. D'abord, il n'existe pas une quelconque unicité esthétique. On chercherait en vain un art d'Etat, hormis les cas de la musique contemporaine dominante ou du style de volumes simples en verre pour l'architecture des Grands Projets. Ailleurs ? Diversité des esthétiques subventionnées pour le théâtre et la danse, éclectisme de la commande en arts plastiques, place croissante des financements locaux et juxtaposition de clientélismes municipaux à celui de l'Etat (chacun accusant l'autre de politisation, de copinage et d'obscurantisme), absence enfin de doctrine de la part des décideurs publics, ou simplement de goût (« Il faut avoir de l'âme, pour avoir du goût », disait Vauvenargues) : on est loin du jdanovisme. Le tag au musée, tandis qu'on lance le rachat du *Saint Thomas* de Georges de La Tour par une campagne nationale de mendicité, l'Ensemble intercontemporain à la Villette et le rap de l'autre côté du périphérique, les Zingaro et Villégier partageant les scènes subventionnées : on cherchera en vain la cohérence d'un art officiel.

La deuxième raison est qu'il n'y a pas non plus de visée d'une unité sociale. L'« art des banlieues » n'est pas l'« art prolétarien », ni l'exaltation nazie de l'« art allemand ». Pas de réalisme de la classe ou de la « race ». Aucune forme d'art n'est jugée « dégénérée », « formaliste », ou « bourgeoise » (encore que, sous certaines accusations d'élitisme...), puisque toutes se valent. On ne peut parler de Culture d'Etat que lorsque existe la volonté de façonner les sensibilités pour forger une mentalité collective totale et unifier la société dans l'identification au chef ou au parti. Tout cela est introuvable dans la politique culturelle de la gauche qui n'entendit point refaire l'homme. Simplement « changer la vie », ce qui était aussi vain, plus risible, mais moins tyrannique. Inciter n'est pas contraindre. L'Etat a la faiblesse de se dire un peu créateur de créateurs ? Ce n'est pas une raison pour le croire. L'important n'est pas ce qu'il dit, mais ce qu'il fait. C'est une emprise versatile que celle du « tout culturel », bien dérisoire, et qui n'abuse que ceux qui le servent ou s'en servent.

La troisième raison est que, pour qu'il y ait Culture d'Etat, il faudrait qu'existe encore un Etat. Un appareil d'Etat décomposé flattant une société éclatée n'a rien à voir avec un Etat-parti unique. Sa forme *cool* et clientélisée prive heureusement le ministère de la Culture de volonté et de puissance, et il prit trop le parti des artistes pour seulement rêver d'artistes de parti. Le socialisme culturel fut bien peu socialiste et se résuma ainsi : de chacun selon sa créativité à chacun selon ses potes. Si le ministère de la Culture est bien un appareil, c'est une machine molle. Son but n'est pas d'asservir les citoyens, mais de les *contenter*, au sens méprisable de ce mot, qu'emploie Eric Weil décrivant la visée des organisations de réduire les sujets politiques à des individus sociaux aspirant au bonheur.

Je n'emploierai donc pas le terme de totalitarisme, qui se distingue du despotisme. Le second veut le bien des sujets infantilisés, dit Tocqueville, efféminés, pensait La Boétie, mais le premier, en plus, entend le leur imposer malgré eux.

Mais, si culture d'Etat signifie culture définie par l'Etat, incontestablement le ministère de la Culture se considère comme devant mettre en œuvre des choix culturels et artistiques. Par exemple en se posant en représentant de la postérité, dont il anticipe le jugement esthétique. Ou encore en ouvrant, par des « événements » ou des Grands Travaux, de vastes espaces au *marketing* politique. En Italie, il n'y a pas de ministère de la Culture, mais un *ministero del Turismo e dello Spectacolo*. En France aussi, mais on n'ose pas le dire ; alors, on l'appelle autrement. Ou, enfin et surtout, en défendant l'idée que tout est culture. Le non-choix est aussi un choix. Que le mot d'ordre de l'Etat soit précisément « tout est dérisoire », et qu'à travers des hommes, des lieux, des institutions, des contraintes, des incitations, des crédits, il ait les moyens de faire partager sa conception et de la rendre légitime, cela entraîne de graves conséquences sociales et artistiques. Le ministère de la Culture n'impose pas une culture, mais il impose sûrement parmi la société un rapport à la culture fait de vacuité, d'absence de profondeur, de défaut d'esprit critique. Refuser que la culture relève du sens, dans l'acception double de signifier et de tendre vers un but, a sans doute eu des effets sur les mœurs, le rapport au travail, au temps, au plaisir.

Peut-on finalement parler de démocratie culturelle ? Peut-être, si l'on se souvient avec Tocqueville qu'il y a des démocraties non libres. Car dans la politique culturelle on ne trouverait pas non plus trace du souci démocratique et républicain d'une émancipation des esprits par le savoir et la critique. A la place, un démocratisme du divertissement qui allie le princier et le vulgaire. Le reproche que je ferais à l'Etat culturel n'est donc pas d'être totalement étatique, mais de n'être aucunement culturel.

De la gauche

Et la gauche, dans tout ça ?

Le débat politique en matière culturelle est souvent à fronts renversés. On imaginerait qu'une droite libérale et soucieuse d'un Etat faible et désengagé rencontre la méfiance d'une gauche libertaire à l'égard d'une administration soupçonnée de vouloir « surveiller et punir » les artistes, ou recoupe les convictions d'une gauche marxiste appelant au « dépérissement de l'Etat » devenu non nécessaire après l'essor des forces productives culturelles qu'il aurait permis. Or, la droite ne réclame pas la suppression d'un ministère de la Culture, et ce fut Jack Lang qui, en 1981, déclara que « la vraie finalité d'un ministère de la Culture et aussi bien d'une administration culturelle était de dépérir et de disparaître », programme qui évoque trop celui des Etats communistes affirmant n'exister que pour mettre en œuvre l'abolition de l'Etat pour que son auteur se risquât à le réaliser si peu que ce fût.

Au lieu de cela, on vit la gauche sommer le prince d'aider encore plus la création et les artistes et la droite rêver d'endosser le rutilant habit du protecteur des arts. Bref, que le prince soit encore plus artiste, pensent à la fois la corporation des artistes, pour l'essentiel « à gauche », et les hommes de l'opposition, qui se voient déjà à leur tour courtisés par les créateurs. Plaisant spectacle de voir se rencontrer les pulsions monarchisantes de la gauche et l'étatisme refoulé de la droite.

De Malraux à Lang, n'a-t-on fait qu'ajouter une idée de droite, le divertissement par les jeux, à une autre idée de droite, la Culture comme signe de la puissance de l'Etat ? Lang fut-il ambidextre, ou Malraux n'était-il qu'un gaucher contrarié ? Les historiens le diront. De même, de 1986 à 1988, lorsque la droite revint au pouvoir, Léotard ne sut être qu'un Lang avec moins de budgets, et, par

172

exemple, après hésitations et cédant au lobby des artistes, Boulez en tête, continua le désastreux projet de l'Opéra-Bastille, ou cautionna le faux-semblant consistant à garder Giorgio Strehler à la tête d'un Théâtre de l'Europe auquel il ne s'intéressait aucunement. Si la droite n'apporta pas de changements (elle jugea même tellement douce l'idée d'une politique des artistes bien à elle qu'elle confia la charge de la Culture à *deux* ministres), ce ne fut pas parce qu'elle se serait ralliée à une politique de gauche, mais parce que la gauche avait mené une politique si peu de gauche qu'elle n'eut aucune réticence à la poursuivre. De même, revenu aux affaires, Lang renoua avec sa conception de la politique culturelle qu'en fait son absence n'avait pas interrompue : le « tout artiste », comme on dit le « tout nucléaire ». Il y ajouta la poursuite de l'action entreprise par l'éphémère secrétaire d'Etat de Villiers consistant à commercialiser le patrimoine architectural en autant de Disneylands historiques « à la française ». Je gagerais pour finir que, si demain la droite revient au pouvoir, elle prolongera la politique menée continûment depuis 1981. Quoi qu'il en soit, il semble régner un large consensus : l'Etat doit être culturel. Aucun gouvernement sans doute n'oserait aujourd'hui se priver d'un ministre de la Culture.

Et si, au lieu de ce « languisme » sans Lang auquel on se résigne, et pas seulement à droite, la gauche tentait d'inventer une vraie rupture ? Si, après la culture farces et attrapes de Lang, et la culture sons et lumières de Léotard, l'Etat s'attachait tout simplement à la culture arts et lettres ?

Car, au-delà de l'idéologie, comment qualifier la réalité politique de l'action menée ? Je m'en tiendrai à la musique. Lorsque j'exerçais mes responsabilités, j'ai toujours été surpris de voir que ce dont s'occupait le cabinet du ministre n'était jamais les actions que je croyais être de gauche : réduction des inégalités d'accès, pratiques des amateurs, enseignement, insertion professionnelle, associations lyriques, etc., bref, toute une politique exigeante que l'administration, douée d'une grande inertie, pour le pire, mais ici pour le meilleur, maintenait à l'abri des interventions du ministre et de son cabinet. Evidemment, l'envers de cette tranquillité était l'impuissance, et dans les discussions budgétaires ces sujets ne recevaient pas non plus l'attention qu'on eût été en droit d'attendre. Parfois, le ministre semblait considérer que, parmi les solliciteurs, il y avait l'administration de son ministère. Il concevait alors son rôle comme arbitrage entre les demandes des artistes et les arguments des fonctionnaires, un peu perdu lorsque les fureurs des premiers ne provoquaient pas le rampement des seconds.

Je croyais que la gauche avait l'ambition de faire que la musique soit un peu moins réservée aux initiés, mais rendue plus accessible par les médiations nécessaires. Je n'ai rien vu de tel, mais une action donnant peu à l'enseignement et beaucoup aux formes les plus visibles de la musique : opéra, orchestres, financement d'une musique contemporaine officielle. Les chiffres parlent. Egalité de traitement et neutralité esthétique ? En 1991, l'IRCAM a reçu 25 millions de francs de subvention, tandis que les quinze autres studios financés par l'Etat se partageaient des miettes : 6 millions. L'Ensemble intercontemporain a reçu 14 millions de francs, tandis que les vingt-quatre autres ensembles servant le même répertoire recevaient 7,5 millions. Priorités d'intérêt général ? Le total des subventions de ces deux structures dirigées par Pierre Boulez équivaut à l'ensemble de tous les prêts et subventions accordés par le Centre national des lettres aux maisons d'édition. Souci d'éducation artistique ? Les subventions aux écoles de musique représentaient en 1980 13 % des crédits globaux de l'Etat en matière de musique et de danse ; elles s'élevaient en 1991 à 9,3 %. En 1985, elles avaient même diminué, tandis qu'on augmentait celles des opéras et des orchestres. On donne 300 millions de francs à l'enseignement de la musique et deux fois plus au seul Opéra de Paris, dont la subvention, représentant 44 % des crédits de la direction de la musique en 1980, était descendue à un pourcentage davantage compatible avec la conduite d'actions plus intéressantes en termes de demande sociale : 31 % en 1987. Mais son poids s'est aggravé ensuite, pour atteindre 35 % en 1991. Pourquoi, lorsqu'il y a des « régulations budgétaires » réduisant en cours d'année les budgets votés, l'IRCAM et l'Opéra de Paris sont-ils systématiquement épargnés ? Pourquoi dépenser en un seul cocktail pour la Fête de la musique plus qu'on ne donne par an à un département comme la

Creuse pour mener toutes ses actions musicales et chorégraphiques ?

Un dernier exemple : le centre Georges-Pompidou disposait depuis son origine de surfaces mises en réserve pour de futures extensions. Si l'on avait voulu satisfaire aux demandes du public, on aurait affecté ces espaces à l'extension de la Bibliothèque publique d'information où s'entassent des étudiants travaillant souvent à même le sol. Si l'on avait souhaité aux œuvres d'art les espaces qui leur manquaient au Musée national d'art moderne, on aurait créé là de nouvelles surfaces d'expositions pour les réserves que le public ne peut voir. Eh bien non ! on affecta ces réserves foncières à la construction, pour un coût de 35 millions de francs, d'une tour pour l'Institut de recherche musicale, qui, lui, ne souffrait pas d'exiguïté, vu la modestie du nombre de ses utilisateurs. Mais, voilà, derrière les livres et derrière les tableaux, il n'y avait pas un artiste faisant de l'extension des locaux publics un enjeu de pouvoir et de prestige. Derrière l'IRCAM, il y avait Boulez, qui eut le front de dire publiquement au ministre venu inaugurer le 18 juin 1990 la deuxième tranche des travaux d'extension de son Institut que seule la réalisation d'une troisième tranche permettrait de juger des intentions de l'Etat.

Je ne puis dire avec certitude ce qu'aurait été une politique de gauche, mais je sais que ce n'était pas de céder aux exigences des avant-gardes sectaires et des artistes constitués en *lobby*, en croyant se dédouaner une fois l'an par la Fête de la musique. Le bilan des années Lang ? Musique officielle et politique de prestige, le tout mâtiné d'événements médiatiques et commerciaux superficiels et de mesures démagogiques. Etat transformé par les artistes en libre-service pour subventions, publics en déshérence, jusqu'à ce qu'on s'aperçoive, *in extremis*, qu'après tout les aides à la création, à la diffusion, aux festivals, étaient destinées à une plus large fréquentation. On en vint, par les dérisoires contrats « public plus », à donner une subvention additionnelle à ceux qui faisaient un effort pour toucher le public, considérant ainsi comme *bonus* ce qui aurait dû être la seule justification de l'aide publique.

Or que se passe-t-il de façon très générale ? On conçoit un nouveau musée, une Grande Bibliothèque, un festival, un nouvel orchestre, une salle de concerts, et on ne se préoccupe pas de la nature et du nombre du public qui les fréquentera. Ainsi, les premières études de fréquentation de l'Opéra-Bastille lancé pourtant en 1981 ne furent faites qu'en 1987, à l'époque où le bâtiment était presque achevé. Ainsi encore, pour le théâtre, « le succès est devenu, dans le secteur subventionné, une valeur beaucoup moins conçue en termes d'élargissement du public que de crédits accordés par les médias influents », selon Robert Abirached, qui fut sept ans directeur du théâtre au ministère et ne passe pas pour un adversaire de la politique de Jack Lang, qu'au contraire il servit avec fidélité et conviction. Ainsi enfin pour le cinéma, ce qui compte aux yeux du ministre, ce n'est pas le nombre de ceux qui y vont tout au long de l'année, mais ceux qui y vont le jour de la Fête du cinéma, et plus encore le nombre de journalistes qui se rendront à la conférence de presse et au cocktail lançant cette fête.

La question de la démocratisation de l'art, qu'il faut avec Péguy clairement opposer à une vulgarisation où il se perd, met en jeu trois séries de clivages ou d'inégalités.

Il y a d'abord l'ordre *intellectuel*: l'art et la pensée sont le fait des meilleurs (c'est le sens étymologique du mot élite). Il n'y a pas de démocratie de l'art, au sens d'une égale capacité à créer. La seule question démocratique étant dès lors de veiller à ce qu'existent, sur le plan de la réception de l'art, à côté d'élites de naissance (*les héritiers*, pour les nommer comme Bourdieu et avant lui Thibaudet), des élites de mérite (que Thibaudet nomme *les boursiers).*

Ce n'est pas être de droite que de dire que tout n'est pas culture, et de penser qu'il existe bien une hiérarchie des genres. Je tiens qu'il y a des ordres nécessaires dans la pensée comme des spécialisations inévitables dans l'action, et que tout n'est dans tout que pour l'esprit embrumé de quelques idéologues. Que tous soient égaux en droits devant la culture ne veut dire ni que tous se valent, ni que tout se vaut. Je considère au contraire que ceux qui ont baissé les bras devant l'obligation démocratique d'élargir l'accès à l'art et lui ont substitué la concession démagogique d'un « tout culturel » s'accommodent du maintien des inégalités. La vraie culture, rendue accessible au plus grand nombre, ces *deux* aspects devraient être la pierre de touche d'une politique de gauche.

La démagogie est toujours de droite, et la démocratie toujours de gauche. Qu'on me pardonne, il y a certains mots que j'entends mal. On parle, pour la critiquer, de « culture cultivée », comme on raille la « politique politicienne ». Mais je vois mal ce que serait une culture non cultivée, une politique non politicienne, et ces expressions, employées par des politiques ou des gens de culture, avouent trop leur part de masochisme et de haine de soi.

Il y a en second lieu l'ordre *politique*. Au risque de rappeler des évidences, entre le pouvoir et la création, il y a plus qu'une opposition : une exclusion réciproque, et ce sont des princes en mal de légitimité ou des artistes en mal d'œuvre qui ont accrédité l'idée, fausse le plus souvent, d'une assimilation entre contestation esthétique et combat politique. Outre qu'on citerait cent exemples d'artistes novateurs qui furent de fieffés réactionnaires politiques, comme de l'inverse, j'ajouterai qu'on aurait tort de chercher du côté des exclus une cohérence politique entre révolte sociale et audace esthétique. Si le rap fut et reste par son origine une musique d'exclus, il est absolument intégré à la machine de la marchandise la plus oppressive : le dernier succès du groupe Ice T, intitulé *Cop Killer (Tueur de flics)*, est comme les autres édité par Time-Warner, « numéro un mondial de la communication ».

Etre de gauche, ce n'est pas croire que l'art soit à gauche, à droite ou au milieu. Il est. Difficilement, obscurément. Pas davantage être de gauche ne consiste à favoriser les artistes de gauche. Les artistes ont comme tous les citoyens des opinions dont on aimerait parfois qu'ils les proclament moins haut, en changent moins vite et les monnayent moins souvent. C'est leur affaire, qui ne devrait pas concerner la politique culturelle.

Il y a enfin l'ordre du *social*: devant l'art, il y a des exclus et des nantis. Et, depuis qu'en 1793 la Convention décida d'ouvrir au peuple les collections du Museum central des arts qui deviendra le Louvre actuel, l'accès aux œuvres de l'esprit est une exigence essentielle de la démocratie des Lumières. Je me tiens à ce que disait Alain : « On est de droite quand on considère ce qu'on possède. On est de gauche quand on regarde ce que possèdent les autres. »

Le dernier point où je verrai une démarcation politique serait précisément la place de l'Etat. Il est grand temps de restaurer le minimum d'exigence de l'intérêt général, tâche que j'ai la faiblesse de croire le propre de l'Etat, bien qu'il n'en ait pas la propriété exclusive. L'idéologie inspirant la politique culturelle semble avoir été de mettre de l'argent public à la disposition de différents artistes, ou prétendant au statut d'artistes, sans discrimination quant à leur mode d'expression, et en se désintéressant de la valeur des œuvres qui en résultaient, comme des publics qu'elles étaient censées rencontrer.

Est-ce insulter à l'Etat que de le vouloir faible là où il entend être fort : dans le divertissement, l'instrumentation des artistes et l'aide à la création ? Cependant, il se montre faible où il doit être fort : conservateur des œuvres et des monuments, qu'il confond avec le lancement des modes et le commerce des souvenirs, faiseur de lois et non imprésario de spectacles, garant enfin de l'existence d'une société, certes divisée, mais non éclatée, plus qu'agitateur social.

J'aime trop l'Etat pour accepter de le voir n'être plus lui-même quand il s'occupe d'art. J'aime trop l'art pour admettre de le voir égaré dans les procédures bureaucratiques et soumis à l'arbitraire des politiques. C'est dire que durant ma charge de directeur au ministère de la Culture, je n'ai eu que trop d'occasions de quitter un malaise pour l'autre : voir un artiste estimable supplier un conseiller de cabinet inculte, puis voir un politique s'agenouiller devant un artiste terroriste.

La gauche au pouvoir aura dépolitisé la politique. A la place, elle mit au premier plan l'économie, mais il est difficile de mobiliser « le peuple de gauche » sur la désinflation compétitive. Il lui fallait quelques valeurs : la communication et la culture. Peu à peu, elle déplaça son identité du champ social au champ culturel. Pour elle, la culture ne fut pas un ornement, ni un miroir aux alouettes, mais un instrument essentiel, plus idéologique que matériel, certes, mais qui permit de rallier largement (qui est contre la culture ?) et de conserver un temps ses soutiens traditionnels dans les diverses couches intellectuelles déçues par son opportunisme. La culture fut le substitut d'une politique absente. D'où son double échec, politique et culturel.

D'un écran

Bien entendu, les trois questions que j'ai abordées : limites sociales, fonctionnement administratif et politique et conséquences esthétiques des interventions culturelles étatiques, sont liées. Ainsi, la BBC anglaise, par son autonomie administrative vis à vis du gouvernement, assure un service public d'une grande neutralité artistique. De même, il est des modes de diffusion à ce point en contradiction avec ce qu'ils prétendent diffuser qu'ils le détruisent ou l'annulent : tel est le cas de l'audiovisuel, censé remédier à la culture élitiste et démocratiser l'accès aux valeurs artistiques. La théorie officielle veut que la télévision soit un bon médium dont on aurait fait un mauvais usage, mais qui ne demanderait, entre de bonnes mains, qu'à servir la culture.

Une fois de plus, on confond les deux sens du mot *culture*. Que la télévision produise des façons de dire, de faire, de se vêtir, de se présenter, comme ses présentateurs, précisément, qu'elle soit une culture dont s'inspirent à la fois les comiques – dont les sketches seraient totalement incompréhensibles pour qui ne la regarderait pas – et une presse populaire largement construite autour de ses programmes, c'est l'évidence. En revanche, si elle le fut un jour, la télévision n'est plus, et ne sera jamais, un moyen de culture intellectuelle et artistique, ni de sa démocratisation. Car, si ce mot a le sens que lui donnait Jaurès opposant une culture réservée à une culture partagée, elle ne passe pas par la diffusion, mais par la formation. La télévision généraliste actuelle – tout autre serait le cas d'une télévision délibérément et exclusivement éducative – n'*éduquera* jamais, elle *diffusera*, au mieux, une culture dont l'accès interne est affaire de lentes médiations. Le dilemme entre chaînes généralistes et chaîne culturelle est vain depuis que fut inventé ce formidable instrument d'aliénation, la télécommande, outil d'un *zapping* généralisé. Si la télévision ne peut que répandre l'illettrisme, si elle ne peut démocratiser que la vulgarité, c'est parce que, entièrement soumise à l'instant, elle n'aime pas le passé, et fuit comme la peste cet entretien avec les morts qu'est la culture.

Du temps

En 1835, Stendhal rêvait d'être lu vers 1880. Dans ses moments d'abandon, il allait jusqu'à envisager quelques *happy few* qui le liraient encore autour de 1930. Un siècle, tel était l'espoir d'immortalité. En 1938, l'écrivain anglais Cyril Connolly espérait que le livre qu'il commençait serait encore lisible dix ans plus tard. En 1992, le plus immodeste des écrivains se contenterait de trouver encore son livre dans les librairies un an après sa parution. C'est dire combien s'est raccourci l'espoir de durer dans le cœur de celui qui tente de faire une œuvre par laquelle il croit gagner sa mort et racheter sa vie non vécue.

Il est vrai, nous ne savons plus ce qui durera dans les objets, les livres et les idées que nous continuons à ranger sous le nom d'art. Ce n'est que le reflet d'une incertitude qui porte sur tous les produits humains dans une époque où nous ne sommes même plus sûrs que le monde durera. Dans ces conditions, je ne vois pas que le discernement esthétique, le *krinein* des Grecs, puisse venir d'instances collectives et historiques, pas plus que de références transcendantes. La seule chose qui peut nous guider et nous faire encore dire : ceci, pour moi, est de l'art et relève de l'*aisthesis*, est notre désir.

Pas ou peu de désir, c'est l'un des traits de la Culture administrée. De moins en moins de désir chez ceux qui créent. Certains écrivent des livres seulement pour se prouver qu'ils l'ont fait au moins une fois, d'autres sont acteurs uniquement parce que c'est plus digne que portier ou femme entretenue. Pas davantage de désir chez ceux qui se décorent du titre de « médiateurs culturels » et ne médiatisent que leur propre personne à propos des œuvres des autres : le narcissisme n'est pas un désir. Quoi d'étonnant à ce qu'il y ait peu de désir chez ceux qui reçoivent la culture comme on reçoit un pli recommandé, redoutant de l'ouvrir ?

Au temps qui se perd, le ministère préféra l'espace qui se gagne. Ceux qui créent *ad nauseam* des *espaces* interdisciplinaires, des *centres* de création, des *lieux* d'expression, des *maisons* de la poésie, des *hall* de la chanson, des *palais* de l'image, des *salles* modulables, etc., oublient, et sans doute veulent oublier, que la place si restreinte que nous occupons dans l'espace ne prend son sens que de celle, immense, que nous réserve le temps, comme l'écrit Proust à la dernière ligne de *La Recherche du temps perdu*. La phrase la plus courte de ce long roman se trouve également à la fin, lorsque le narrateur au bord de mourir ne demande qu'un délai, celui de finir son livre. « Long à écrire. » C'est dans cette dimension-là, d'abord, que se déploie sinon la Culture, du moins l'art. L'œuvre nous parvient toujours à travers le temps. Même les arts du spectacle (théâtre, danse, musique) se fondent sur une pièce, une écriture chorégraphique, une partition faites avant. Sur un travail de *répétition* aussi, avant notre regard, hors de notre écoute. Même le *happening* théâtral, la « performance » plastique, le concert bruitiste, l'écriture automatique ne parviennent pas à abolir la nécessité du temps pour faire œuvre.

Tout le malentendu entre politique et culture est peut-être là, dans les temporalités différentes. Le temps politique est un vecteur orienté vers le progrès et l'avenir. Il en est ainsi depuis les Lumières. Le temps de l'art est tout autre, à la fois retour et annonce, il va du passé vers le futur, mais aussi d'aujourd'hui à hier ou avant-hier. Il avance à reculons, tel l'Ange de Klee, cher à Walter Benjamin. Mais, d'être tournée vers l'avenir, la politique ne devrait pas pour autant piétiner dans un présent perpétuel. Si l'Etat a un rôle à jouer, c'est bien de faire prévaloir le durable sur le viager.

La culture a pu être définie par « ce qui reste quand on a tout oublié ». La formule était peut-être vraie quand on cultivait encore les humanités. Aujourd'hui, je dirais plutôt : « ce qu'on croit savoir quand on n'a rien appris ». Vous êtes critique et vous n'avez pas lu un livre, mais vous en parlez, c'est de la Culture. Vous êtes responsable des arts plastiques au ministère et vous vous réjouissez que croisse le nombre de galeries, alors que jamais l'art ne fut plus éloigné de son public, c'est de la Culture. Vous êtes élu local et, plutôt que d'ouvrir une classe d'initiation au solfège, vous lancez un festival pour Parisiens en villégiature, c'est de la Culture. Vous êtes prince et vous pensez qu'une bibliothèque est avant tout une sorte de grande sculpture qu'on voit de loin, non un lieu où l'on travaille, c'est de la Culture. Vous êtes écrivain et, plutôt que de tâcher à ce que votre œuvre vous représente à un destinataire inconnu qu'autrefois on nommait postérité, vous vous transformez vous-même en représentant de commerce de vos livres, c'est de la Culture.

La Culture nie partout la *compétence*. Ceux qui la gèrent ne sont pas choisis pour leurs connaissances artistiques, mais pour leur entregent mondain ou leur fidélité politique. Ceux qui la font croient souvent pouvoir s'affranchir de l'élaboration nécessaire. Quand Flaubert disait : « Emma, c'est moi », aujourd'hui, c'est la moindre Bovary de province, le moindre Bouvard parisien qui semblent dire : « Flaubert, c'est moi. » Ceux qui la critiquent sont qualifiés par les services rendus ou à rendre, plus que par leur savoir. Ceux qui la reçoivent n'y sont pas préparés par l'apprentissage du regard, de la lecture et de l'écoute. Bourdieu a raison de dire que la culture ça se cultive, que le goût est institué, et qu'il existe une *compétence* artistique acquise, au sens où l'on parle de compétence en linguistique.

La Culture est la reconnaissance étatique de l'instantané, que remplace aussitôt un autre instantané, pariant sur l'éternité de l'inimportant. La perte des valeurs et la perte du passé sont un même vide. Le monde culturel n'est qu'*actualité*, non pas présent et présence, car il veut ignorer le monde d'hier. Une amnésie fétichisant l'instant interdit que les produits des arts soient autre chose que des marchandises périssables, qu'ils prennent sens et deviennent des œuvres. Dans le *zapping* culturel, dont la télévision n'est qu'un exemple parmi d'autres (les pages culturelles des journaux, le matraquage médiatique sur les spectacles qu'il *faut* voir – pourquoi il faut ? pourquoi maintenant ?), ce qui compte n'est pas l'image suivante, c'est le moment d'interruption. Je me mets au courant, je coupe le courant, je remets le courant. On appelle ça être branché. Il y a des jours où je pense que la mémoire est notre dernier luxe.

Les arts et les lettres, avec l'effort qu'ils exigent (ce que l'anglais nomme d'un mot intraduisible *literacy*), sont au contraire ce qui est digne de mémoire. Non, la culture, au sens des œuvres de la pensée et de l'art, ne va pas de soi ; elle vient de l'autre. Elle est ce qui se transmet, ce dont nous avons la charge pour le transmettre. La culture n'est pas un passe-temps. Elle est le temps. Mais la Culture des fêtes, des événements et des commémorations voudrait en avoir fini avec le temps et propose son grand projet d'amnésie douce. La culture, comme ce serait simple, si c'était là, tout de suite, en vous, en moi, *hip-hop*. L'art prend du temps, et c'est même à ce prix qu'il permet parfois de lui échapper.

Du vide

Comme l'agriculture, la culture peut être extensive ou intensive. On a choisi l'extension de la culture. Dans l'espace : monuments historiques « animés », plages, foyers de retraités – que le ministre alla jusqu'à nommer « les flamboyants » –, gares, banlieues, et jusqu'au champ de bataille de Valmy, virent débarquer les artistes, leurs pompes et leurs œuvres. Dans le temps aussi : pas d'âge de la vie, d'année commémorative, de saison, de jour, qui ne soit prétexte à événement, annonce, conférence de presse, communiqué, ponctuant une actualité en fait immobile, au point que relève du *packaging* ce perpétuel emballage sous de nouveaux noms des mêmes actions avec les mêmes budgets. La proclamation en 1985 du « tout culturel » apparaît, comme celle du « communisme réalisé », un horizon toujours reculé à mesure qu'on annonce l'avoir atteint. Faudra-t-il réinventer le regretté ministère du Temps libre ? Décréter une journée sans événement culturel, histoire de souffler, comme on a la journée antitabac, une fois l'an ?

Du ministère de la Culture, pourrait-on dire ce que Corneille dit du *Menteur* : « Tout le secret ne gît qu'en un peu de grimace » ? Effets d'annonce ou annonces sans effets, peu importe, le battage ne multiplie aucunement ces actes un peu plus désuets chaque année : aller au concert, regarder un tableau, lire un livre. Beaucoup de Culture pour rien ? Même pas. Le rien est encore quelque chose. Le résultat de l'agitation culturelle n'est pas rien. Il s'est fait beaucoup de choses. Mais souvent elles ne débouchèrent que sur le vide. La Culture des animateurs est comme la télévision des animateurs, un bavardage gentil, qui ne laisse surtout pas un instant de réflexion, de recul, de silence. Un temps immobile et sans passé. Un espace saturé d'objets, de sensations, de mots, dont l'accumulation même anéantit la résonance et la portée. Un vide par peur du manque, *horror vacui*. Mais la Culture, heureusement, voudrait mettre tout cela en positif, donner un *plus* à nos vies, comme à nos villes. Ce plus, qui devient vite un trop, ce « tout se vaut », ce nivellement des différences sous le rouleau compresseur de la « musak » mondiale, par exemple, n'aboutit qu'au degré zéro. Il n'est pire vide que celui que produit la peur du creux. De même qu'un présentateur de télévision ou de radio se condamne, par sa crainte du blanc, à dire prolixement un rien insondable, de même la culture ne doit pas être le bouche-trou des sociétés gagnées par « l'ère du vide ». Il suffit de rappeler, récemment, lors de la cessation d'émission de la cinquième chaîne de télévision, l'angoisse qui saisit nos commentateurs devant ce qu'ils appelaient le « spectre de l'écran noir », comme s'il s'agissait d'un irrémédiable trou dans le savoir et la beauté.

L'art fut toujours manque, silence, vide, ou capacité à supporter le vide. La course vers le plus, le plein, le positif est une tentation fatale à la culture. Les livres, dit Proust, doivent être les enfants non du grand jour et du bavardage, mais « de l'obscurité et du silence ».

Prenons un autre exemple de cette angoisse du vide. Depuis 1990, chaque été, les directions régionales des Affaires culturelles, antennes du ministère dans les régions, prennent en charge de multiples opérations destinées à la distraction des vacanciers. Comme si, précisément, on craignait leur « vacance ». Cela s'appelle « Les arts au soleil ». Il s'agit, je cite le ministère, de transporter « sur l'ensemble du littoral, lieu privilégié des grandes vacances, les productions artistiques qui font la culture d'aujourd'hui... la danse contemporaine, l'Ecole supérieure des arts du cirque côtoient ainsi le jazz, le conte, le rap et le land art. Rencontres joyeuses du premier contact, celui qui crée l'étonnement et le plaisir des arts ». Louable est l'intention, chaleureuse l'ambiance, entre la caravane du Tour de France et *Les Chiffres et les Lettres*. On serait de bien mauvaise foi, si l'on qualifiait de dirigisme étatique ou de culture de parti une telle profusion de messages bigarrés s'annulant les uns les autres.

Mais là, comme dans l'animation musicale des monuments historiques et des châteaux, le passant, le flâneur, est pris de court. Or la culture est d'abord une démarche, lente, désinvolte, avec des accélérations sentimentales, puis des arrêts de méditation. Animer ? Le passé, la beauté, serait-ce l'inanimé, la mort ? Comme si les pierres des monuments, les arbres d'un parc, les tableaux d'une collection n'avaient pas en eux une âme, qu'il suffit de laisser être. Ils finiront bien par parler à ceux qui auront appris à entendre leur langue. Mais, ainsi mis en demeure plus que mis en appétit, sommé de se cultiver, littéralement enveloppé de sollicitude et de sollicitations (la visite, plus le musée, plus l'évocation « son et lumière », plus le concert), le visiteur n'en demanderait pas tant.

Mais notre ministère de la Culture veut le décharger du fardeau de se comporter en sujet démocratique. Je ne peux ici mieux faire que de rappeler la mise en garde prémonitoire de Tocqueville. Ce qu'il faut éradiquer en douceur, c'est le libre arbitre, autrement dit l'angoisse. Le pouvoir immense et tutélaire issu des démocraties « dérobe peu à peu à chaque citoyen jusqu'à l'usage de lui-même ». Pour cela, il n'agit pas comme un père qui aurait « pour objet de préparer les hommes à l'âge viril, mais ne cherche au contraire qu'à les fixer irrévocablement dans l'enfance ».

La psychanalyse ajouterait ici que l'emprise despotique des mères, pour être plus douce, est plus dangereuse pour la constitution d'un sujet libre que l'autorité tyrannique des pères. Le psychanalyste anglais Winnicott disait que les mères doivent être « suffisamment bonnes ». Ce qui veut dire : pas *trop bonnes*. L'Etat moderne verse dans le « despotisme démocratique » lorsqu'il cesse d'être divisé et postule à une totalité lisse, sans faille et sans conflits, lorsqu'il veut le bonheur, le plaisir, ou la culture (pour le ministère de la Culture, c'est la même chose) de ceux qu'il ne nommerait pas ses sujets, mais les gentils membres d'une gentille société administrée par de gentils organisateurs.

Il va même jusqu'à vouloir leur *désir*, et ce n'est pas une perversion comme une autre, c'est *la* perversion : le maître assure toujours qu'il n'a pas d'autre désir que le vôtre. Toute perversion est l'exercice d'un pouvoir et la négation d'un désir. Despotiquement démocratique, le ministère voudrait, par la Culture, « libérer les désirs », au pluriel et au sens faible de *préférence*, alors que le démocrate républicain, par l'Ecole, entend former les *volontés*. Car la seule chose que l'Etat tutélaire ne veut pas, c'est la volonté, dont la racine inconsciente est le désir, au singulier cette fois et au sens fort, tyran qui n'a rien de démocratique. L'Etat sait trop que, sur lui, il ne peut rien. Le désir se constitue *contre* les mères totales, à la bonté et à la prévenance sans limites, qui n'admettent pas que l'enfant, puisqu'il *est* leur désir, *ait* le sien propre.

Le désir, l'Etat ne l'affronte pas, sachant trop qu'ainsi il le renforcerait : « Il ne brise pas les volontés, dit Tocqueville, mais il les amollit, les plie et les dirige ; il force rarement d'agir, mais il s'oppose sans cesse à ce qu'on agisse ; il ne détruit point, il empêche de naître ; il ne tyrannise point, il gêne, il comprime, il énerve, il éteint, il hébète, et il réduit enfin chaque nation à n'être plus qu'un troupeau d'animaux timides et industrieux, dont le gouvernement est le berger. »

La politique culturelle a réussi ce miracle : que l'art ne soit plus de l'ordre du désir, mais de la demande, qu'il ne soit plus un luxe ni un besoin, mais un passe-temps ou un devoir. Résumant sa formidable entreprise économique, Lacan, qui avait tôt vu l'intérêt de ce gisement qu'il nomma « les révolutions de la culture », disait cyniquement : « Avec de l'offre, j'ai créé de la demande. » C'est ce que tenta ensuite le ministère, par un despotisme administratif qui tend à désubjectiver les citoyens pour en faire des consommateurs. On se trouve bien en face de la tentative d'un pouvoir « qui se charge seul d'assurer leur jouissance et de veiller à leur sort », qui « aime que les citoyens se réjouissent, pourvu qu'ils ne songent qu'à se réjouir », qui « travaille volontiers à leur bonheur ; mais veut en être l'unique agent et le seul arbitre ». Sans doute, que le ministère de la Culture ait échoué où la psychanalyse cynique avait réussi ne rend pas la suggestion du premier plus morale que la sujétion de la seconde. Anatole France pardonnait à la République de gouverner beaucoup parce qu'elle gouvernait mal. Je n'ai quant à moi jamais vu dans l'incompétence une excuse à la prétention.

J'ai toujours trouvé curieux d'entendre Jack Lang, lors des innombrables annonces faites aux journalistes d'événements nouveaux (« Coups de talents sur l'Hexagone », « Les arts au soleil », « Les Flamboyants », « Paris quartiers d'été », « Cafés-Musique », « Quartiers Lumière », « La France, c'est tout un poème », etc.), entrecouper son propos de rassurantes précisions. Personne, bien sûr, c'est promis, ne sera forcé de prêter attention aux peintres des plages, ou à la danse sur le parvis du centre commercial. Faudrait-il le rectifier, si le soupçon n'effleurait personne, que la Culture, partout, tout le temps et pour chacun, procède moins d'un souci de démocratisation que d'infantilisation ? Le droit à la culture, si cette expression a un sens, c'est aussi le droit de s'en passer, de l'approcher, à son rythme, quand on le désire, où l'on veut. Il y a *une* « offre » étatique de culture, mais il y a *des* « demandes » inégales, différentes, vacillantes. Et puis il y a aussi ceux qui ne demandent rien. Mais voilà, le prince, lui, demande qu'on lui demande, sans quoi il n'est rien. Il quitte alors le jeu pervers de la manipulation du désir pour l'esquive hystérique de la provocation de la demande.

Les demandes culturelles ? Qu'on les laisse se dire, qu'on ne les fasse pas parler. Qu'on leur permette de naître et de croître, qu'on ne croie pas les engendrer. Qu'elle est condescendante, cette vision d'une Culture descendant des sommets de l'Etat et se penchant avec sollicitude sur les incultes ! Qu'il est malheureux, ce terme de mission (« La culture n'est pas une administration, mais une mission », déclara Jack Lang), qu'ils sont dérisoires, ces « ensembles de musiciens missionnés » dans une France terre de mission culturelle ! La culture, la grande, la haute, ne s'accommode pas qu'on *élève*, mais qu'on *instruise*, et elle vient aussi d'« en bas », à travers mille mouvements inapparents internes à l'art, mille échanges entre le savant et le populaire, non certes de façon spontanée, mais dans le travail des significations et des formes. Une démocratisation de la culture qui ignore cela se condamne à l'échec.

On m'opposera que la plupart des gens ne voient pas malice à ce que l'Etat cherche à les divertir. Je laisserai à Tocqueville la réponse : « L'égalité a préparé les hommes à toutes ces choses : elle les a disposés à les souffrir et souvent même à les regarder comme un bienfait. » On me dira encore que quelques artistes aiment que le pouvoir les enrôle dans la croisade de la rose. Cette servitude volontaire, il faut reconnaître que le peuple chimérique des créateurs qui œuvrent à une culture dont ils ont cependant abandonné le ministère à l'Etat l'appelle souvent de ses vœux. « Chacun d'eux, retiré à l'écart, est aussi étranger à la destinée de tous les autres. Il n'existe qu'en lui-même et pour lui seul. » Serait-ce des consommateurs de Culture ou des producteurs d'art que Tocqueville dresse ici le portrait prémonitoire ? Si le prince étend ses bras consolateurs sur la société tout entière, c'est sans doute parce que notre besoin d'être bercés est aussi infini que sa bonté. Mais, pour être acceptée, désirée même, pour être réglée, douce et paisible, la servitude n'en reste pas moins servitude.

Du sens

J'aime l'art et les artistes, qui n'attendent cet état que de leur œuvre. Je hais la Culture et les « culturateurs », mot que je suis obligé d'inventer pour désigner ceux qui croient la régir dans leurs offices ou leurs officines : officiels, officiers et officiants ne voyant en elle qu'un sûr passage vers le monde, le pouvoir – et parfois l'argent. Dans l'appareil culturel, c'est l'appareil qui me rebute, et je hais d'abord ce que je n'ai pas voulu être : un manipulateur d'artistes, un gestionnaire indifférent aux valeurs de l'art, à son danger, à sa fragilité. J'ai trop vu, chez ceux qui étaient en charge de la Culture, non l'ignorance, bien pardonnable, mais l'envie et le ressentiment à l'égard des artistes et des œuvres, pour ne pas haïr cette haine de l'art.

Les culturateurs sont aux artistes ce que les littérateurs sont aux écrivains. Va-t-on, à leur suite, vers une Culture de moyens, de « médias », sans préoccupation aucune des fins ? Une Culture affranchie du sens est une contradiction dans les termes. La culture n'est pas la fuite du sens, mais sa recherche désespérée.

Dans une société où la faillite du sens se traduit par la montée de la drogue, l'éparpillement des solitudes, les pillages et les autodestructions de banlieues qui n'ont de cités que le nom, tandis que (et parce que) des riches se sont insolemment enrichis en construisant dans le centre des villes des bureaux luxueux et vides, dans un pays où les supermarchés font plus de place aux produits pour chats et chiens qu'à ceux pour les bébés, dans un monde où la génétique se trafique et où les malheureux vendent leurs organes au détail pour survivre en gros, qu'attend-on de la culture, sinon une réflexion renouée avec les fins, les valeurs ? Certes, l'art ne donne pas *un sens* à la vie, mais rappelle que le sens est toujours à chercher. « Le travail qu'avait fait notre amour-propre, notre passion, notre esprit d'imitation, notre intelligence abstraite, nos habitudes, c'est ce travail que l'art défera », écrit Proust dans *Le Temps retrouvé*.

Au lieu de cela, l'Etat promut au rang de finalité le culte des moyens indéfiniment diversifiés et étendus. Virgile avait donné une autre définition de la culture : « *Inventas aut qui vitam excoluere per artes.*» Cultiver la vie par les arts, c'est d'abord ne pas faire de ceux-ci l'expression naturelle de celle-là. *Colere* suppose soins, croissance, temps, verticalité. Cultiver est un verbe transitif impliquant une chose susceptible d'être cultivée : un champ *(agri cultura)*, un Dieu *(Dei cultura)*, les lettres *(litterarum cultus)*, les arts *(cultura bonarum artium)*, l'âme enfin *(animi cultura)*. On cultive quelque chose, on écrit des livres, on peint des tableaux, on compose des partitions. Pourtant, dans le vocabulaire de la politique culturelle, rarement le mot culture devient verbe. Cultiver, se cultiver, être cultivé ? Trop d'efforts seraient nécessaires. « Vivez sans temps morts, jouissez sans entraves ! », disait-on en 1968. Le mot d'ordre a fait place aujourd'hui à un « Créez sans savoir, culturez sans règles ! ».

Mais « culturer » est un verbe intransitif. Ecoutons l'artiste de pop art Rauschenberg : « N'importe quoi peut être associé à n'importe quoi. Ce qui en résulte n'a pas d'autre sens que d'être là. » Je ne connais pas de meilleur résumé à la fois des dérives d'une partie de l'art contemporain qui ne cultive que le non-sens et de celles d'un appareil culturel qui n'a d'autre sens que d'être là. Tout est également important peut signifier que tout est également dérisoire. Le champ d'intervention du ministère de la Culture s'est étendu parce que – et dans la mesure où – le champ de l'art s'est démembré. Le développement de la Culture comme inanité, indifférence au sens – comme aux sens, d'ailleurs, c'est l'autre dimension perdue, le plaisir des sens, *aisthesis* ne signifie rien d'autre –, fut possible parce que dans l'art lui-même la question du sens fut abandonnée ou tournée en dérision. Parce que, aussi, dans la vie elle-même, nous devenons hors d'état de nous poser la question du sens.

L'art est né en sortant de la culture. La peinture, par exemple, ne devint un art, à partir du XVe siècle, qu'en s'arrachant à ses fonctions religieuses, philosophiques ou historiques. Mais ce qui semble aujourd'hui dessiner sous nos yeux le mouvement inverse d'une réinscription et d'une fusion de l'art dans la culture n'est pas un retour à l'époque où l'art était en charge d'un sens, théologique le plus souvent, qu'il magnifiait en le rendant sensible. De quel sens, de quelles valeurs communes l'art de notre temps, cessant d'exister comme catégorie séparée, serait-il porteur ? A moins que, loin de dire le sens – fût-il contradictoire – d'une culture, l'art n'ait plus qu'à dire la culture de l'absence de sens.

La Culture, la Communication, je ne parle pas des Grands Travaux ni du Bicentenaire de la Révolution (un jour, le ministère crèvera d'une indigestion de majuscules), tous ces grands mots pour en effacer un seul, tout petit : *art*. Par un retournement curieux, le ministère de la Culture, qui constitua sa légitimité à partir de celle des arts, aujourd'hui assuré de son existence, contribue à délégitimer l'art, au nom de la Culture.

L'art est une chose récente, et peut-être de peu de durée encore. L'idée que l'art pourrait mourir revient de temps en temps dans l'histoire, et ce, presque depuis que l'art est né en tant qu'art (la Renaissance). Hegel, Rémy de Gourmont, T. W. Adorno, Karl Krauss élevèrent tour à tour cette sombre prophétie. Marx, puis Thomas Bernhard s'en réjouirent même. Les tenants de la politique culturelle et de son progrès ininterrompu vers la lumière renvoient cette inquiétude à l'obsession réactionnaire du déclin, croyant régler théoriquement la question en la situant historiquement. *Nihil novi*, diraient-ils, s'ils savaient le latin. La mort de l'art ? Vieilles lunes. Cauchemars de vieux. Le ministère des Jeunes va vous moderniser tout cela, et la question ne se posera plus. Ce n'est pas le cas. Ce n'est pas parce que sa mort fut annoncée en d'autres temps et que l'art demeure malgré tout une dimension du nôtre, qu'il faudrait conclure que cette mort n'aura pas lieu. On doit même penser que ceux qui exprimèrent leur angoisse devant cette possibilité ont contribué à l'écarter.

La culture, au sens de civilisation, n'est jamais dominante, mais dominée ou menacée par les retours de la barbarie. « Il n'y a pas un document de culture qui ne soit aussi un document de barbarie », écrivit Walter Benjamin. Et c'était avant Auschwitz... Mais la culture, au sens de l'art non plus, n'est jamais dominante. Il n'y a pas une succession de périodes d'âge d'or de la culture, puis de périodes de barbarie. Dans chaque époque, une lutte constante oppose l'une à l'autre, et, si la barbarie change de visage : la « race », le parti, l'argent, ce qui est visé est toujours la même chose : le dépérissement des valeurs artistiques. Toujours minoritaire et menacé de disparition, tantôt par la barbarie politique des totalitarismes, tantôt par celle, plus douce, de la marchandise, tantôt enfin par la médiatisation généralisée des représentations dans laquelle se dissout le sens, l'art est peut-être, à chaque époque, promis à disparaître. Il y eut d'ailleurs des pays et des périodes dans lesquels en effet l'art est mort. La mise à mort de l'art est historiquement une tendance aussi constante que sa renaissance. Chaque œuvre est toujours un adieu et une attente. Chaque artiste un enfant et un revenant.

Le nouveau est peut-être qu'aujourd'hui la menace ne viendrait pas de l'extérieur, mais de la sphère artistique elle-même, ou de la culture, et des politiques qui, même inspirées des meilleures intentions, pourraient bien en tarir la ressource. Bien sûr, il n'y a pas une

conspiration qui aurait juré la mort de l'art et organisé des complicités pour y parvenir. Il serait grossier de dire que le ministère de la
Culture voudrait et pourrait à lui seul mettre à mort la créativité artistique, et n'attendrait que sa dernière heure pour en ordonnancer les
pompes funèbres avec tout l'éclat médiatique requis par l'événement. D'abord parce qu'il ne sait pas ce qu'il veut, ensuite parce
qu'il ne peut pas ce qu'il croit pouvoir. Le mouvement est trop général, et le déclin de l'art a lieu aussi ailleurs, chez les artistes et pour le
public. Les choses sont dialectiques : un pays vraiment cultivé
aurait-il besoin d'un Etat culturel ? Mais il y a un mouvement objectif pour détruire l'art, échappant à ceux qui s'en font les relais,
conscients parfois, inconscients le plus souvent. On ne veut certes
pas la mort de l'art, mais sa disparition ne gênerait pas grand monde.
On n'entend pas l'exterminer, on le laisse s'exténuer de lui-même.
L'inanité est le visage rajeuni de la barbarie.

L'art est nécessairement l'activité privée d'un sujet autonome.
Son sort est donc lié à ce qu'il adviendra du sujet. Le religion de
l'objet qui est la nôtre ne veut qu'une chose : qu'il y ait le moins
possible d'œuvre, et, par conséquent, le moins possible de *sujet*; car
l'œuvre n'est que la trace de quelqu'un. L'art est ce qui lutte contre
la transformation des sujets en objets, ce que Marx nomme la réifi-
cation des rapports sociaux. « Le producteur, dit-il, crée le consommateur... Il ne crée pas seulement un objet pour le sujet, mais un
sujet pour l'objet. » Phrase évidemment applicable aux objets culturels aussi, à la réserve près que ce que crée le *merchandising* de la
Culture n'est pas un sujet, mais un individu. Dès qu'elle se fige en
bien culturel et obéit au marché ou à la mode, l'œuvre se transforme
elle-même, celui qui l'a faite, et celui qui la reçoit, en autant
d'objets. Quand l'œuvre se confond avec le produit, sa valeur
d'échange tend à effacer sa valeur d'usage, et l'objet culturel devient
une chose dont on n'use pas et que l'on n'use pas, un signe non
désiré et intouché. Non que l'œuvre d'art ne soit d'abord une chose
très matérielle, un corps ayant des propriétés physiques. L'œuvre est
bien un objet, mais c'est un objet où se dit un sujet. Impossible de
créer autrement que depuis la division qui déchire le sujet, impos-

192

sible d'être atteint par une œuvre d'art hors de la coupure entre désir et savoir.

Mais, comme l'art, le sujet est lui aussi une invention tardive et aujourd'hui menacée par la confusion entre la passion de l'expression directe (politique, artistique, sociale) et la démocratie, qui n'est que travail de l'*indirect*, jeu de représentations et de médiations. L'éthique démocratique ne connaît que des choix, non des préférences, des votes, non des sondages, des sujets, non des individus. Ce n'est pas un hasard si ceux qui contribuèrent, par la dévalorisation de l'Ecole et l'abaissement de l'art, à la promotion du culturel ignorent la notion de *sujet*: Bourdieu au nom du groupe social, Foucault en l'identifiant de fait à l'individu. Dans un pays comme le nôtre, où les différences de classes tendent à ne plus se dire dans le conflit *au sein d'une société*, mais dans l'exclusion de marginaux *hors d'une société* devenue une vaste classe moyenne, l'identité sociale nécessaire à la perception que chacun a de lui-même en tant que sujet devient floue. On voit finalement se substituer aux cultures de groupes ou de classes une culture non pas universelle, mais indéfinie et indifférenciée.

Au risque de paraître nostalgique de la bonne vieille lutte des classes, dans laquelle chacun apprenait ce qu'il était en affrontant ce qu'il n'était pas, je regrette le temps où la bourgeoisie et le prolétariat avaient chacun leur définition de la culture et y tenaient. Dans les assauts contre l'« art élitiste » ou la « culture bourgeoise », je ne suis pas sûr qu'on ne vise pas en fait plus l'art que la bourgeoisie. Il est possible de lire, dans certaines critiques de l'art pour l'art au XIXᵉ siècle, une attaque de ce qui restait d'aristocratie au sein d'une société devenue bourgeoise, et aujourd'hui, dans les charges contre la culture dominante, le même refus d'une élite, au sens des meilleurs, peu nombreux, en effet, qui s'attachent aux choses de l'esprit et à l'amour de la beauté. Dans les deux cas, pourquoi faut-il que ce soit à l'art que s'en prend la même volonté de revanche sur l'« élection », au sens de faveur des dieux, au nom d'une « élection », au sens de suffrage du peuple ?

La bourgeoisie, c'est entendu, infligea à l'humanité dans le domaine politique, économique et social quelques abominations : la surexploitation ouvrière, le colonialisme, entre autres. Mais on lui doit dans le domaine culturel trois des plus belles inventions de l'esprit humain : le roman, la musique de chambre, la psychanalyse. Trois modes différents d'une même affirmation du sujet dans le conflit qui le divise, et l'altérité qui le cause. Trois formes de l'*entretien*, de ce qui se tient entre soi et l'autre, entre un temps et ce qui suit, différences qu'efface la passion de la communication immédiate. J'aimerais qu'on ne confonde pas les deux visages historiques de la bourgeoisie, et qu'on mesure mieux la culture qui est en train de sombrer avec ce que Zweig appela « le monde d'hier », et qui était le monde bourgeois.

De même, si l'on doit se réjouir de l'effondrement politique du communisme dans notre pays, on peut aussi déplorer la disparition qui s'ensuivit du rôle de porteur d'une identité culturelle populaire qu'avait toujours eu le Parti communiste. Faut-il préférer la culture des *dealers* et des tribus de délinquants à la culture des organisations de masse des banlieues de naguère, avec leurs « francs et franches camarades » ? Même au plan de la culture, au sens des œuvres de l'esprit, on doit reconnaître que les communistes ne sombrèrent pas dans ce qui fut notre honte historique dans les mouvements gauchistes : le discrédit jeté sur la culture bourgeoise. Ils défendirent au contraire, fût-ce sous le mode falsifié ou naïf des « classiques du peuple », l'idée d'un art où se disent non seulement l'appartenance de chacun à sa classe, mais aussi l'humain de l'homme.

La culture est double : particulière et générale, résultat d'une volonté subjective (*Gesellschaft)* et emprise de ce qui ignore le sujet (*Gemeinschaft)*, locale comme un héritage qu'on ne choisit pas, et sans appartenance comme un entendement qui libère. Au sein de la culture, l'art lui-même est double : français et universel, par exemple. Dans l'histoire, tantôt il s'accommode de la barbarie, tantôt il se dresse contre elle. Marx ne comprit jamais qu'une société esclavagiste ait pu bâtir le Parthénon, ni Adorno qu'on jouât Mozart à Auschwitz. Ils n'admirent pas la transcendance de l'art, qui devait selon eux être toujours en accord avec l'Histoire et la société. L'histoire des Etats totalitaires montra pourtant qu'ils s'accommodaient non seulement de l'art, mais de ses ruptures les plus radicales. Le beau survécut dans l'ordure. Faut-il en conclure que l'art, comme les artistes, grime tous les visages de l'histoire, même celui de l'horreur, pour leur donner une apparence aimable, aussi indifférents que des masques à ce qu'ils nient ? L'ordre de l'immanence historique et celui de la durabilité des formes artistiques sont-ils absolument séparés ?

Si je pense cependant que l'art forme, avec la réflexion philosophique et l'engagement politique démocratique, l'un des moyens de s'arracher à la tyrannie de ce qui est, si je crois malgré tout qu'il y a en lui un reste inexpugnable d'universel que toute réduction culturelle écrase, si je sais que la barbarie peut le tolérer un moment, mais non s'en servir durablement, c'est qu'il constitue l'un des derniers espaces où se rencontrent des sujets. Si les nazis acceptèrent Gottfried Benn, et les communistes Maïakovski, ce ne fut qu'un temps. Très vite, ils en vinrent à un art de parti, de « race », de masse ou de classe, c'est à dire à un non-art.

Pour conclure en termes politiques, on peut ainsi résumer les enjeux. *Le populisme républicain* emploie la notion de peuple comme un tout abstrait et méconnaît les rapports différents des classes sociales à la culture. *Le despotisme démocratique* le représente comme une multiplicité éclatée d'individus porteurs de désirs et de préférences auxquels l'Etat doit non seulement faire droit, mais qu'il suscite et manipule. *La démocratie représentative*, enfin, rassemble des sujets divisés en un ensemble contradictoire et lui-même divisé, mais lui donne des buts d'intérêt général, ce qu'on nomme république. Pour en sortir, il n'est qu'une voie, car je ne crois pas que l'aristocratie soit une réponse aux impasses de la démocratie : renouer ensemble l'idéal républicain de l'instruction et l'idéal démocratique de l'émancipation.

Le peuple, l'individu, le sujet ? La politique culturelle préféra ce qui était populaire à ce qui était démocratique, et ce qui était démocratique à ce qui était républicain. C'est-à-dire le nivellement abstrait des identités au reflet des expressions partielles, et celles-ci à la recherche de ce qui, n'étant à personne, forme le bien commun. Ou encore, le champ de foire à la place publique, et la place publique à l'Ecole.

De la mort

« On ne doit écrire que de ce qu'on aime », disait Renan. S'il n'était question, dans les pages qu'on vient de lire, que de la Culture et de son ministère, j'aurais eu tort de les écrire. Mais le lecteur aura compris qu'il s'agissait d'amour, malgré tout. Un amour double et doublement malheureux, pour l'Etat et pour les arts, que j'ai vus si mal mariés, et comme défigurés par leur alliance.

Le gouvernement aime les artistes, et les artistes le gouvernement. Les populations regardent. En ce début de 1993, c'est l'entracte. On quitte un moment la salle, perplexe, se demandant si on restera voir la suite qu'on connaît d'avance. On sort de la comédie de la Culture comme de ces spectacles qui vous ont fait passer le temps, mais ne vous ont pas atteint. Sur deux scènes jusque-là relativement séparées, une seule intrigue s'est jouée, dont le ressort était identique. Etrange chassé-croisé. Les artistes s'éloignent de « la règle des règles, qui est de plaire », pour parler comme Molière, qui, contrairement à ceux qui méprisent le public en croyant que seul le plaisant peut lui plaire, montra aussi le tragique, le difficile, le délicat. En face, les politiques veulent plaire et divertir, cherchant la caméra avant de réfléchir à ce qu'ils ont à dire, et, plutôt que de penser, se demandant ce que penseront les sondés.

Sous nos yeux, l'Etat devint un spectacle, tandis que les spectacles se firent de plus en plus étatiques. Au désenchantement cynique du politicien qui ne croit plus au politique, répondit l'enchantement vain de l'artiste qui ne croit plus que l'art veuille dire quelque chose à quelqu'un. Narcisses soignant plus leur image que leur œuvre ou leur action, tous deux finissent par perdre, avec le faire dont ils avaient la charge, recherche du bien public ou souci du beau, l'être qui les justifiait. Par le même refus de s'enraciner dans une temporalité longue, l'un et l'autre ne veulent qu'accrocher le spectateur, et n'attendent que sa reconnaissance dans tous les sens du terme.

La politique culturelle de la gauche ne fut pas une *politique*. La première illusion que j'ai voulu dissiper est de croire qu'il y aurait eu une action collective sous-tendue par un projet, un ensemble de décisions et de choix à long terme. L'Etat n'est pas, ne doit pas être, donneur de sens, comme on le tenta un peu. Seulement donneur de temps. Mais qui s'en soucia ? Ce ne fut en fait qu'une succession de mises en scène. La comédie de la Culture, par les rapports qu'elle noua entre ses *acteurs*, ne fut pas la représentation de l'intérêt général, mais la gestion des clientèles particulières. Sur la scène, postures et impostures. Dans la coulisse, médiocrité, profit et délation.

Mon second constat est que cette politique ne fut pas *culturelle*, mais seulement médiatique. La *pièce* fut donc divertissante et enlevée, du moins pour ceux qui prennent le brillant pour la lumière. Par l'imprécision et l'outrance de son discours, le ministère de la Culture a masqué la fragilité et la stérilité de ses réalisations. Je ne lui reproche pas de n'avoir pas fait ce qu'il n'aurait pu faire : susciter une pléiade de créateurs de premier plan, mais de n'avoir pas fait ce qu'il aurait dû faire : démocratiser la culture en respectant l'autonomie de l'art. L'égalité se construit, comme se construit le rapport entre l'art et la société civile. La culture, comme la démocratie, n'est pas un état, mais un effort.

Enfin, cette politique ne fut pas *de gauche*. Que le but de l'obligation culturelle démocratique n'ait pas été touché est un échec. Qu'il n'ait pas été seulement visé fut une erreur, mais non un ratage : la cible était autre. La politique culturelle n'a pas été conçue et menée pour que plus de Français soient cultivés, ou même pour que brille la culture française. Fonctionnant de plus en plus pour lui-même et sur lui-même, le ministère de la Culture semble agir seulement pour que l'Etat et les politiques qui le dirigent paraissent concernés par la culture. L'Etat culturel n'est que la forme spécialisée du gouvernement du spectacle.

Pendant ce temps, le gros du *public* est resté à la porte du théâtre. A l'intérieur, peu à peu, la salle se vide. On appelle ça « rejet du politique » ou « désaffection culturelle ». Quoi d'étonnant à ce qu'un populisme hideux appelle les Français à n'entendre plus que le mot *affaires*, dans les affaires publiques ou les affaires culturelles ? Et si les Français rejetaient non le politique, mais les hommes politiques qui rejettent le politique, la délibération publique, au nom de la communication ? Si la culture n'était devenue synonyme de devoir de vacances que parce qu'on cherche à infantiliser le loisir ?

L'Etat n'a rien à voir avec les enjeux de l'art, ses tendances, ses valeurs. Il a à voir avec l'accès à l'art, sa diffusion, sa conservation. Il faut supprimer le ministère de la Culture, qui, en tant que tel, n'a pas sa place dans une démocratie, et ne garder que les fonctions compatibles avec elle, en les rattachant à celui de l'Education. Mais ceci n'aurait de sens que si la rue de Grenelle profondément réformée et rénovée se donnait les moyens, ou les décentralisait, d'une politique des enseignements artistiques. Il y eut un ministère de l'Education nationale et des Beaux-Arts. C'était de 1936 à 1939, sous le Front populaire. Ce sera ma seule conclusion. Car je n'ai pas eu l'ambition de changer le cours des choses, juste le souci de préciser le sens des mots.

Quitte à déplaire au *culture-business*, il faudrait peut-être abandonner le mot de culture. Disons plutôt non pas : la Culture, mais : les livres, les tableaux, les compositions, les chorégraphies. La Culture étouffe les œuvres. La consommation culturelle d'un côté, la contemplation artistique de l'autre. La première est sans fin, comme toute accumulation de marchandises, la seconde sans fond, comme un creusement de l'être. A la rencontre, autour d'une œuvre, d'un sujet (l'artiste) et d'un autre sujet (le spectateur, l'auditeur, le lecteur), la Culture substitue la rencontre d'un producteur et d'un consommateur autour d'un objet.

Seule l'éducation artistique peut faire que la culture de l'*avoir* (consommation de biens et d'objets, ou exclusion par rapport à ceux-ci) laisse place peu à peu à un *faire* (apprentissage des techniques et du discernement). Seul l'enseignement artistique peut remettre, dans l'affairement et l'affairisme culturels, un peu d'*être*.

Doit-il exister une politique de la culture, au second sens de ce mot ? Non plus. L'Etat agit indirectement sur les mœurs à travers l'ensemble des politiques publiques : santé, logement, éducation, transports, communication, environnement, mais, si le mot *politique* a bien un sens, l'Etat ne saurait avoir une politique culturelle directe, sous-tendue par des objectifs sociaux et historiques précis. Tocqueville préfigure bien nos modernes politiques étatiques de la Culture, lorsqu'il peint le doucereux despotisme veillant sur ceux que l'on ne peut plus nommer des citoyens : « Que ne peut-il leur ôter entièrement le trouble de penser et la peine de vivre ? » Que l'Etat finalement y parvienne mal, est-ce raison suffisante pour ne pas lui reprocher de le tenter ?

Voilà ce qu'il me fallait dire. Mais j'ai appris de Freud que la vérité n'est jamais entendue, et de Pascal que ce n'est pas une raison pour ne pas la dire. Pourtant, il me reste une question : pourquoi ? Pourquoi ce refus de l'art déguisé en culte des artistes, en religion de la Culture ? Si la Culture n'était que la résistance aux Beaux-Arts ? Résistance organisée, financée, qui a ses militants et ses propagandistes.

Sans doute parce que l'art est appel à la pensée, semeur de peste, porteur de ce trouble qu'on appelle la beauté, il touche à la « part maudite », dialogue avec le mal, couche avec la mort. Il vient dans le monde comme un voleur. Comme un vampire, il se nourrit du sang de nos rêves et a besoin de nos sens pour avoir un sens.

Art vivant, spectacle vivant, culture vivante, clame-t-on sans cesse au ministère de la Culture. Cette idéologie se résume finalement en une opposition : la Culture, les consommations, les événements et les fêtes culturels, c'est la vie. L'éducation artistique, les arts, la tradition, c'est la mort. Ils ne croient pas si bien dire. Loin d'être ce fruit naturel de « la vie », l'art chemine à l'envers de la vie. Loin de la combler, il la défait. Souvenons-nous du mot d'Hannah Arendt définissant la culture comme « ce qui dure ». « Ce qui concerne les objets, et est un phénomène du monde, tandis que le loisir concerne les gens et est un phénomène de la vie », dit-elle encore.

Et si la culture, c'était le sens que la mort donne à nos vies ? Et l'art, le rapport que les humains et les sociétés humaines entretiennent avec la mort, et l'après-mort ? Qu'il s'agisse de la mort des artistes ou de la nôtre, quand nous les écoutons, les lisons, et regardons leurs œuvres. Rapports extraordinairement vivants, bien sûr, alors que sont mortels les appels à la vie dans le loisir culturel. Quoi de plus mort qu'un parc de loisirs, qu'une émission de variétés à la télévision, où la mort est partout déniée ? Le politique saisit l'art comme le mort saisit le vif. Deux exemples : celui de l'Opéra-Bastille, où depuis le début l'incroyable emprise du politique dans la décision aboutit à un état de coma artistique dépassé. A l'inverse, si les chorégraphes parviennent infiniment mieux que les autres artistes à se tenir à distance du pouvoir politique et institutionnel, cela est dû, je crois, au savoir de la disparition que leur donne leur propre corps et au fait que leur œuvre meurt avec eux.

Mais l'idéologie de la Culture est une idéologie de la « vie ». Si, avec Christa Wolf, on peut dire : «*Kultur ist, was gelebt wird*», cela ne signifie pas le slogan idiot : « la culture, c'est la vie », mais : « la culture, c'est ce qui *devient vécu*». Non pas *est*, mais *devient*, à travers du temps, de la peine, du plaisir, de la contemplation. Sans l'ombre et les ombres, sans le temps de la mort et le temps mort nécessaires pour penser, pas de culture. Mais, telle Mme de Sablé, qui défendait qu'on dît devant elle ce vilain mot, le ministère de la Culture ne le prononce jamais.

Du temps que l'art était le partage du sens entre les vivants et les morts, Michel-Ange peignait ses figures du Jugement dernier en regardant longuement les morts. Il plantait sa bougie dans le nombril des cadavres qui lui servaient de modèles. J'aime cette idée qu'on ne peint – n'écrit, ne compose – qu'à la lumière des morts. Jamais on n'a tant parlé de la mort de l'art que depuis que l'art a cessé de parler de la mort. Ayant rompu son lien avec elle, ayant cessé de la dire et de la contredire, l'art pourrait bien subir son arrêt.

La culture, me dira-t-on, qu'est-ce donc pour vous ? Trop facile de récuser les définitions existantes ! Eh bien, non, je ne vous dirai pas ma définition. Non que je la cacherais : je n'en ai point. Je ne sais pas ce que c'est, je ne sais même pas si ça existe. Je crains que ça disparaisse. Elle est sans attributs et je ne trouve rien d'autre à dire d'elle que ce que Schönberg dit de Dieu à la fin de son *Moïse et*

Aaron : « Irreprésentable, invisible, incommensurable. » J'ajouterai pour ma part que la culture aujourd'hui ne parle que de la mort de Dieu. L'art est un souvenir que Dieu aura laissé en s'en allant.

Ou alors, disons que ce serait quelque chose de tout petit, de tout simple, d'infiniment humble : un chemin parmi les livres, les tableaux, les musiques. Un chemin vers l'intérieur. Je sais comment on avance sur ce chemin : difficilement. Il y faut la passion de l'exactitude, le culte de la tolérance, la manie du travail achevé. Je ne sais pas où il mène. On y rencontre quelques mots, étrangers de passage, qu'on dévisage infiniment : âme, être, mémoire.

Art ? Présence et refus de la mort. Car si l'œuvre n'est pas autre chose que son acceptation tragique et donc joyeuse, le fait que l'œuvre *soit* est aussi son congédiement et sa défaite. La culture est la pensée de la mort. Ce qui n'est pas sans allégresse.

Indications bibliographiques

(Dans l'ordre d'apparition de leur citation dans le présent ouvrage aux pages indiquées entre crochets, on trouvera ci-dessous les principales références bibliographiques utilisées.)

[p. 10] PROUST (Marcel), *Le Temps retrouvé*, Gallimard, « Folio », 1991, p. 311.

[p. 10] CHATWIN (Bruce), *Qu'est-ce que je fais là?*, Grasset, 1991, p. 122.

[p. 12] FUMAROLI (Marc), *L'Etat culturel*, Editions de Fallois, 1991.

[p. 15] LA BOÉTIE (Etienne de), *Le Discours de la servitude volontaire*, présenté par Pierre Clastres et Claude Lefort, Payot, 1976, p. 141-142.

[p. 17] DA PONTE (Lorenzo), *Mémoires*, New York, 1830, republication, Le Livre de poche, « Pluriel », 1980, p. 128.

[p. 18] PROUST (Marcel), *Le Temps retrouvé*, *op. cit.*, p. 297.

[p. 20] BOURDIEU (Pierre), *La Distinction*, Minuit, 1979.

[p. 21] PROUST (Marcel), *Le Temps retrouvé*, *op. cit.*, p. 198-199.

[p. 24] THIBAUDET (Albert), *La République des professeurs*, Genève, republication Slatkine, 1979.

[p. 29] ARON (Jean-Paul), *Les Modernes*, Gallimard, 1984.

[p. 30] WITTGENSTEIN (Ludwig), *Remarques mêlées*, TER, 1984, p. 90.

[p. 31] ELIAS (Norbert), Mozart. *Sociologie d'un génie*, Editions du Seuil, « Librairie du XXᵉ siècle », 1991.

[p. 33] BAXANDALL (Michael), *L'Œil du Quattrocento*, traduction Yvette Delsaut, Gallimard, 1985.

[p. 34] WEBER (Max), *Le Savant et le Politique*, UGE, « 10-18 », 1963.

[p. 40] SIRINELLI (Jean-François), *Intellectuels et Passions françaises*, Fayard, 1990.

[p. 50] BAUDELAIRE (Charles), « Bénédiction », in *Les Fleurs du mal, Œuvres complètes*, I, Gallimard, « Bibliothèque de la Pléiade », 1976, p. 7.

[p. 53] SIMMEL (Georg), *La Tragédie de la culture*, Rivages, 1988.

[p. 54] MONTAIGNE (Michel de), *Essais*, livre III, chap. x, Le Livre de poche, 1972, p. 275-284.

[p. 57] WEBER (Max), *Le Savant et le Politique*, *op. cit.*, p. 164.

[p. 64] SAINTE-BEUVE (Charles Augustin de), « De la question des théâtres », *Causeries du lundi*, tome 1, Garnier Frères, deuxième édition 1852, p. 31.

[p. 66] TRILLING (Lionel), *Beyond Culture*, New York, Harcourt Brace Jovanovich, 1965.

[p. 66] FINKIELKRAUT (Alain), *La Défaite de la pensée*, Gallimard, 1987.

[p. 66] SALLENAVE (Danièle), *Le Don des morts*, Gallimard, 1990.

[p. 66] STEINER (George), *Réelles Présences*, Gallimard, 1991.

[p. 67] LÉVI-STRAUSS (Claude), *Le Regard éloigné*, Plon, 1983.

[p. 69] ADORNO (Theodor W.), *Prismes*, Payot, 1986, p. 102-113.

[p. 69] FINKIELKRAUT (Alain), *La Défaite de la pensée*, *op. cit.*, p. 138.

[p. 70] BAUDELAIRE (Charles), « Le peintre de la vie moderne », *Œuvres complètes*, II, *op. cit.*, p. 695.

[p. 72] WITTGENSTEIN (Ludwig), *Remarques mêlées*, *op. cit.*, p. 81.

[p. 73] MUSIL (Robert), *L'Homme sans qualités*, I, Editions du Seuil, 1979, p. 51.

[p. 75] TOCQUEVILLE (Alexis de), *De la démocratie en Amérique*, tome I, 2, Gallimard, « Folio-Idées », p. 348.

[p. 80] WITTGENSTEIN (Ludwig), *Remarques mêlées*, *op. cit.*, p. 90.

[p. 81] BOURDIEU (Pierre), *La Distinction*, *op. cit.*, p. 50.

[p. 81] BARTHES (Roland), *Leçon*, Editions du Seuil, 1978, p. 14.

[p. 82] FOUCAULT (Michel), *L'Archéologie du savoir*, Gallimard, 1969, p. 90.

[p. 82] DREYFUS (Hubert L.) et RABINOV (Paul), *Michel Foucault, un parcours philosophique*, avec un entretien et deux essais de Michel Foucault, Gallimard, 1984, p. 302-304.

[p. 89] SAINTE-BEUVE (Charles Augustin de), « De la tradition en littérature », *Causeries du lundi*, tome quinzième, Garnier Frères, troisième édition 1876, p. 357.

[p. 90] *New York Times*, 17 mars 1991, p. 27.

[p. 92] ARON (Jean-Paul), *Les Modernes*, Gallimard, 1984, p. 367.

[p. 94] BAUDELAIRE (Charles), *Œuvres complètes*, II, *op. cit.*, p. 238.

[p. 94] PROUST (Marcel), *Le Temps retrouvé*, *op. cit.*, p. 198-199.

[p. 97] BARTHES (Roland), *Le Plaisir du texte*, Editions du Seuil, 1973, p. 65-66.

[p. 97] LANG (Jack), discours à l'Assemblée nationale, 17 novembre 1981.

[p. 98] LA BOÉTIE (Etienne de), *Le Discours de la servitude volontaire*, *op. cit.* Notamment pages 104 et 105.

[p. 99] BAUDELAIRE (Charles), lettre à Ancelle du 18 février 1866, *Correspondance*, II, Gallimard, « Bibliothèque de la Pléiade », p. 611.

[p. 99] BAUDELAIRE (Charles), *Mon cœur mis à nu*, *Œuvres complètes*, I, *op. cit.*, p. 690-691.

[p. 102] RÉMY (Pierre-Jean), *Bastille : rêver un Opéra*, Plon, 1989, p. 28-29.

[p. 103] URFALINO (Philippe), *Quatre Voix pour un Opéra*, Editions A.-M. Métailié, 1990, p. 19-23.

[p. 103] SAINT-PULGENT (Maryvonne de), *Le Syndrome de l'Opéra*, Robert Laffont, 1991.

[p. 104] *Le Point*, 1046, 3 octobre 1992, p. 10.

[p. 108] SCHWOB (Marcel), Préface à *Vies imaginaires*, UGE, « 10-18 », 1979, p. 171.

[p. 110] CAUQUELIN (Anne), *L'Art contemporain*, PUF, « Que sais-je ? », p. 60.

[p. 117] SAINTE-BEUVE (Charles Augustin de), « De la question des théâtres », *op. cit.*, p. 38.

[p. 119] BAXANDALL (Michael), *L'Œil du Quattrocento*, *op. cit.*

[p. 121] FLEURET (Maurice), interview dans *Le Point*, 21 avril 1986.

[p. 124] MOLIÈRE, *La Critique de l'Ecole des femmes*, scène VI.

[p. 127] BENN (Gottfried), *Double Vie* (1950), traduction Alexandre Vialatte, Minuit, 1954, p. 195-196.

[p. 132] ABIRACHED (Robert), *Le Théâtre et le Prince, 1981-1991*, Plon, 1992, p. 97.

[p. 134] MUSIL (Robert), *Œuvres Pré-posthumes*, Editions du Seuil, p. 89.

[p. 136] BOURDIEU (Pierre), *Les Règles de l'art. Genèse et structure du champ littéraire*, Editions du Seuil, 1992. Voir aussi l'entretien de Pierre Bourdieu avec *Le Magazine littéraire*, 303, octobre 1992, p. 110.

[p. 142-143] ARENDT (Hannah), *La Crise de la culture*, Gallimard, « Idées », 1972, p. 264-266.

[p. 143] HALÉVY (Daniel), *La République des comités*, 1932.

[p. 146] MARX (Karl), *Le Capital*, préface à la première édition, Editions sociales, 1972, p. 20.

[p. 148] ARENDT (Hannah), *La Crise de la culture*, *op. cit.*, p. 260.

[p. 149] THIBAUDET (Albert), *La République des professeurs*, *op. cit.*

[p. 149] BAUDELAIRE (Charles), projet de préface aux *Fleurs du mal*, *Œuvres complètes*, I, *op. cit.*, p. 185.

[p. 149] LÉVI-STRAUSS (Claude), *Le Regard éloigné, op. cit.*, p. 357.

[p. 149] POUSSIN (Nicolas), *Lettres et Propos sur l'art*, Hermann, 1964, p. 36.

[p. 167] VOLTAIRE, *La Correspondance de Mme du Deffand avec Voltaire*, Editions des Femmes, 1987, p. 53.

[p. 167] MUSIL (Robert), *Essais*, Editions du Seuil, 1984, p. 291.

[p. 168] VILAR (Jean), *Le Théâtre, service public, et autres textes*, Gallimard, 1975, p. 543.

[p. 171] TOCQUEVILLE (Alexis de), *De la démocratie en Amérique, op. cit.*, p. 348.

[p. 171] LA BOÉTIE (Etienne de), *Le Discours de la servitude volontaire, op. cit.*, p. 141.

[p. 176] ABIRACHED (Robert), *Le Théâtre et le Prince..., op. cit.*, p. 42.

[p. 180] CONNOLY (Cyril), *Ce qu'il faut faire pour ne plus être écrivain*, traduction Alain Delahaye, Fayard, 1992, p. 18.

[p. 186-188] TOCQUEVILLE (Alexis de), *De la démocratie en Amérique, op. cit.*, p. 348-349.

Par ailleurs, d'autres ouvrages ont servi de cadre de réflexion plus général:

Ministère de la Culture et de la Communication, *Les Pratiques culturelles des Français, 1973-1989*, La Découverte/La Documentation française, 1990.

Ministère de la Culture, *1981-1991. Bilan de la politique culturelle*, 1991, notamment la plaquette sur le livre et la lecture, p. 3.

CLAIR (Jean), *Considérations sur l'état des Beaux-Arts*, Gallimard, 1983.

MARX (Karl), *Introduction à la Critique de l'économie politique*, Editions sociales, 1980.

ZWEIG (Stefan), *Le Monde d'hier (souvenirs d'un Européen)*, Albin Michel, 1948, réédition Belfond, 1982.

COMPAGNON (Antoine), *Les Cinq Paradoxes de la modernité*, Editions du Seuil, 1990.

FERRY (Luc), *Homo aestheticus (l'invention du goût à l'âge démocratique)*, Grasset, 1990.

COMTE-SPONVILLE (André), *Une éducation philosophique*, PUF, 1990.

Table

RÉALISATION : PAO ÉDITIONS DU SEUIL
IMPRESSION : NORMANDIE ROTO IMPRESSION S.A. À LONRAI (4-93)
DÉPÔT LÉGAL : JANVIER 1993. N° 19507-8 (I3-0690)